Instagram Marketing

Ein erfolgreiches Instagram Business aufbauen mit Instagram Marketing

Max Mittelstaedt & Paul Hänsel

Inhalt

Abbildungsverzeichnis

Der digitale Dschungel Instagram

Während im Sekundentakt neu gepostete Bilder den persönlichen Feed stets lebendig halten, postet der Großteil aller Instagram Nutzer nahezu täglich den eigenen Alltag in seine Instagram Story. Diese virtuellen Interaktionen sowie dieser fluide Datenaustausch lassen die soziale Plattform Instagram zu einem digitalen Dschungel des Social Media Marketings werden. Um dennoch klare Sicht inmitten von Face Filtern, Swipe Ups und Hashtags zu behalten, soll dieser Ratgeber über den sozialen Kommunikationskanal und dessen Potenzial als Marketingtool aufklären.

Schnelle Klicks, ein flüchtiges Wischen nach Links oder Rechts oder doch der Doppeltipp auf das neu gepostete Bild der besten Freundin? Diese einfachen Möglichkeiten zur digitalen Reaktion auf Beiträge in dem sozialen Netzwerk machen das einander Verfolgen, miteinander Vernetzen und das gegenseitige Aussprechen von Zustimmung so einfach wie nie zuvor und zeichnen sich zudem durch Unverbindlichkeit, Schnelligkeit, Unmittelbarkeit und Widerrufbarkeit aus. Diese Vielzahl von Reaktionsmöglichkeiten macht uns selbst zum Verwalter des ganz persönlichen Feeds und macht es zur Vorliebe vieler Instagram-Nutzer ihren eigenen Feed ganz nach persönlichen Interessen und Vorlieben zu gestalten.

Der gewaltige Überfluss an Bildern auf dem sozialen Netzwerk ermöglicht eine schnelle Erfassung der zu vermittelnden Inhalte, gibt dem Nutzer viel Möglichkeit zur persönlichen Interpretation, bietet

Potenzial zur Wiedererkennung oder auch Inspiration. So werden die Gedankenkonstrukte der Verfasser deutlich leichter zugänglich und für jeden auf einer nahezu rein visuellen Ebene verständlich. Texte oder knappe schriftlich fixierte Äußerungen bezeichnen dagegen eine eher geringe Menge und äußern sich überwiegend in Form von Kommentaren auf geposteten Bildern. Auch hier besteht ein starker visueller Bezug, wobei die schriftliche Komponente nicht ohne das Abgebildete existieren kann.

Allgemein ermöglichen all diese Beobachtungen einen immer leichter werdenden Zugang zu Informationen und bedingen gleichzeitig die immer schneller werdende Zirkulation digital eingespeister Beiträge auf Instagram. Beiträge werden zudem häufig auf eine breite Masse an Publikum angepasst. Die meisten Instagram User stellen sich folgende Fragen vor dem Verfassen eines Postings: Was wollen meine Follower sehen? Welches Bild bringt mir die meisten Likes und eine allgemein positive Resonanz ein? Inhalte bestechen daher nicht nur durch eine rein persönlich gefärbte Motivation sondern werden oft auch auf eine bestimmte Zielgruppe angepasst. Schon an diesem Punkt sind einige Grundzüge von Marketing-Intentionen zu erkennen. Diese sollen im weiteren Verlauf der Ausarbeitungen konkretisiert und ausführlich erläutert werden.

Dieser zueben erwähnte Überfluss an visuellen Bestandteilen von Instagram bringt zudem einige Vorteile für den Nutzer der Plattform mit sich. So erfordern Bilder nicht viel Konzentration zur Erfassung, die Rezeption geht wesentlich schneller und bedarf außerdem weniger Hintergrundwissen als das Lesen und Verstehen langer Texte. Falls ein visuell ausgelegter Beitrag für den User allerdings doch mal unverständlich sein sollte, bietet Instagram an diesem Punkt die Möglichkeit des Weiterscrollens, Weiterwischends oder Weiterklickens für den Nutzer. Diese Verweigerung der Beschäftigung mit den digitalen Inhalten hat dabei keinerlei Folgen für den Nutzer. Somit hat der User das alleinige Entscheidungsrecht, was auf dem persönlichen Feed rezipiert wird und welche Inhalte ignoriert werden sollen. Durch die Unabhängigkeit und Abgeschlossenheit der einzelnen Beiträge ist dies ohne Probleme möglich.

Bei Instagram fing alles mit der Idee einer Foto-Sharing-App an. Mittlerweile hat Instagram über 25 Millionen Business Konten und trägt ca. 20% zum Facebook Umsatz bei. Für Unternehmen und Influencer ist Instagram ein solider und planbarer Marketingkanal geworden (Hubspot, 2020). Der Erfolg zieht natürlich auch Wettbewerb an. Mit den richtigen Tipps und Tricks ist es aber immer noch möglich auf Instagram erfolgreich zu sein.

Wie nutzen beispielsweise Start-Ups diese Charakteristika der Kommunikationsplattform Instagram und wie gelingt es Unternehmen mit hilfe dieser Art der Werbung Ihre Marketing-Ziele zu erreichen? Im Folgenden sollen diese Fragen detailliert beantwortet werden. Ausgehend von kurzen Betrachtungen des allgemeinen Online-Marketings soll sich die Beschäftigung über Social Media Marketing, den Charakteristika von Instagram, Tipps zum Instagram-Marketing, Influencer Marketing, Instagram als Marketing-Tool für Start Ups bis hin zur allgemeinen Schnelllebigkeit der sozialen Plattform erstrecken.

Online-Marketing

Warum Marketing? Warum Online-Marketing? Und warum Online-Marketing auf Instagram? In den folgenden Kapiteln werden Grundlagen des allgemeinen Marketings sowie auch spezifische Einblicke in das Online Marketing und deren Vorteile wie auch Nutzen für Start-Ups und größere Unternehmen thematisiert. Aufgrund der fortschreitenden Digitalisierung und die dadurch immer wichtiger werdenden Themenbereiche der allgemeinen Online Präsenz sowie des Online Marketings von Unternehmen soll in diesen Bereichen eine ausführliche Einführung gegeben werden.

In der großen Vielfalt der betriebswirtschaftlichen Grundkonzepte handelt es sich bei dem Marketing um die im Alltag wohl präsenteste Untergruppe. So ist kein anderer Bestandteil der Betriebswirtschaft für uns so omnipräsent und alltagsnah wie klassische Werbeanzeigen oder sonstige Produkte des Marketings. Ob Wahlplakate, Flyer oder Werbespots, während eines Spaziergangs durch die Fußgängerzone stoßen wir nahezu an jeder Ecke auf

Erzeugnisse von Marketing-Teams. Diese Allgegenwärtigkeit bietet Raum für Diskussion, kann irritieren, belustigen oder zum Nachdenken anregen und erzielt sowohl in Gegenwart von Marketing Laien als auch bei der Konfrontation mit Experten eine klar intendierte und stets wohl überlegte Wirkung.

Zudem ist ein erfolgreiches Marketing einer der wichtigsten Schlüssel zur erfolgreichen Führung eines Unternehmens. So werden Markenwerte hinsichtlich der zu erreichenden Zielgruppe oder räumlichen Gebiete festgelegt und diesbezüglich ausgespielt.

Allerdings unterliegen die Marketingkonzepte verschiedenster Produktkategorien und Unternehmen der Dynamik des jeweiligen Marktes. Allgemein hat die American Marketing Association (AMA) 2013 eine allgemeingültige Definition des Marketingkonzeptes festgehalten.

„Marketing is the activity, set of institutions, and processes of creating, communicating, delivering, and exchange offerings that have value for customers, clients, partners and society at large."

Nach dieser Definition bezieht sich Marketing also auf Aktivitäten, organisatorische Einheiten und allgemeine Prozesse, welche Marktangebote schaffen, kommunizieren und vertreiben. Diese stellen für Kunden, Auftraggeber, Partner und die Gesellschaft als Ganzes einen wirtschaftlichen Nutzen dar. Somit wird die zielgerichtete Gestaltung von Austauschprozessen zwischen Unternehmen und Kunde übernommen.

Die immer weiter ansteigende Expansion des Online Handels und der Digitalisierung vieler anderer Bereiche innerhalb der letzten Jahren hat nun auch das Online Marketing zur wichtigsten Untergruppe des allgemeinen Marketings von Unternehmen gemacht. Online Marketing bietet jedem Nutzer einen entscheidenden Vorteil. Es besteht die einfache, unmittelbare und kostengünstige Möglichkeit der Interaktion und Kommunikation mit dem Kunden. Des Weiteren bietet sich hier eine einfachere Distribution an. Zudem ist diese Abwendung vom stationären Handel auch für die Kundschaft von großem Vorteil. Das Wegfallen von Anfahrtswegen, der Parkplatzsuche, langen Warteschlangen sowie auf jeden Kunden bestmöglich angepasste Suchergebnisse beim Online-Shopping machen das Einkaufserlebnis für den Kunden so angenehm wie nie zuvor. Der Online Handel ist zudem nicht auf feste Öffnungszeiten beschränkt und der Kunde kann somit inmitten einer immer schnelllebigeren und digitaleren Arbeits- und Lebenswelt sein Einkaufserlebnis an seinen persönlichen Lifestyle anpassen. Auch bietet eine Vielzahl von digitalen Waren, wie beispielsweise der Online-Kauf von Musik, die Möglichkeit des unmittelbaren Downloads nur wenige Sekunden nach Kaufabschluss. Durch die erweiterte Transparenz und die Möglichkeit einer intensiven Recherche nach dem gesuchten Produkt im Internet Markt wird dem Kunden der Vergleich von Preisen, die

Recherche von Produktdetails und das Erfassen von Produktrezensionen so leicht wie nie zuvor gemacht. Zudem besticht der Online Handel durch eine gezielte Individualisierung hinsichtlich jedes Kunden. Durch sogenannte Cookies können Suchanfragen und Kaufverhalten getrackt und somit zur Erfassung des Nutzungsverhalten eines jeden Einkaufsverhaltens dienen. So gelingt es Suchanfragen in Online Shops gezielter zu filtern und die angezeigten Ergebnisse gezielt auf die Bedürfnisse des Kunden anzupassen. Damit einher geht die weitaus größere Produktvielfalt des Online Handels. Da der stationäre Handel auf eine gewisse Lager- und Verkaufsraumkapazität begrenzt ist, kann hier nicht annähernd die Auswahl geboten werden, wie es im Online Handel möglich ist.

Social Media Allgemein

„Der Begriff soziales Netzwerk bezeichnet eine Struktur, die aus miteinander durch Kommunikation und Interaktion verbundenen Knoten besteht. Die Knoten sind im Allgemeinen Personen oder Organisatoren. Das soziale Netzwerk drückt aus, inwiefern und wie stark die einzelnen Knoten miteinander verbunden sind. Die Bandbreite reicht von ‚gelegentlichen Kontakt' bis zu engen, familiären Verbindungen."

Soziale Medien bestechen durch ihre umfangreichen Einflüsse sowie auch durch ihr Potenzial zur Wandelbarkeit. Beispiele für Social Media werden im Folgenden zur groben Begriffseinordnung aufgelistet:

- Netzwerke wie beispielsweise Facebook
- Zudem auch standortbezogene Networkingdienste wie Foursquare
- Auch zählen Blogs und Microblogs zu den sozialen Netzwerken. Twitter ist hier ein Beispiel.
- Diskussionsforen
- Zudem gehören auch Bild- und Videoplattformen wie beispielsweise YouTube dazu.
- Kollektiv entstandene Nachschlagewerke (Wikipedia) setzen sich ebenso durch soziale Netzwerke zusammen.
- Auch Podcasts und Videoblogs weisen diese soziale Komponente auf.

Empfehlungs- und Bewertungsplattformen können ebenso hinzugezählt werden. Alle diese sozialen Netzwerke vereint ihre

Aufgabe durch die angebotenen Dienste und Tools die Kommunikation der Menschen untereinander zu erleichtern sowie Gleichgesinnte aus aller Welt miteinander zu vernetzen.

„Ihr eigentlicher Wert besteht in den Mitgliedern und den Inhalten, die diese bereitwillig erstellen, teilen und kommentieren. Man bezeichnet diese Inhalte auch als nutzergenerierten Content."

Diese allgemeine Definition von Social Media scheint zunächst sehr abstrakt, visualisiert jedoch auf sehr anschaulichem Wege nach welchem Prinzip sich die sozialen Medien zusammensetzen und wie sich diese definieren und letztendlich zu einer neuartigen Form der Kommunikation führen. Diese als Knoten bezeichneten Personen haben durch eine Präsenz auf Social Media zu jeder Zeit, an jedem Ort und auf beliebige Art und Weise die Möglichkeit mit nahezu jeder auch in diesem Netzwerk registrierten Person zu interagieren und Informationen auszutauschen. Diese Zirkulation von Daten ist nicht begrenzt und wird durch die Ungebundenheit der sozialen Medien extrem beschleunigt. Raum und Zeit werden gewissermaßen außer Kraft gesetzt und machen den Eingang und Verlauf einer Kommunikation so einfach wie nie zuvor. Auch ist hier die Art der Ungebundenheit von großer Bedeutung. Nach Eingang einer Kommunikation in Form eines Chats haben beide Kommunikationspartner keinerlei Pflichten und können die Kommunikation nach ihren Vorlieben gestalten wie auch ausrichten. Auch kann das Gespräch zu jeder Zeit beendet werden. Das

Fehlschlagen der Kommunikation hat für die Interaktionspartner keinerlei Folgen. Anders wäre dies beispielsweise in Bewerbungsgesprächen oder mündlichen Prüfungen. Das Nichteinhalten von kommunikativen Regeln wie einen höflicher Umgang zu pflegen oder der Start des Gesprächs mit einer Begrüßung einzuleiten, würde in diesen Fällen stark sanktioniert werden.

Auch bietet diese neue Art der Kommunikation den Social Media Usern die Möglichkeit sich hinsichtlich ihrer Interessensgebiete mit Gleichgesinnten auszutauschen oder sich im Bezug auf ein Themengebiet auf unmittelbarem Weg bequem von Zuhause aus weiterzubilden. Auch fachspezifische Daten sowie auch Expertenwissen werden durch Social Media für Laien leichter zugänglich. Dies ist unter anderem mit der Schnelligkeit der Datenzirkulation zu begründen.

Zudem gibt Social Media jedem Nutzer die Möglichkeit das Verhältnis mit anderen Nutzern zu steuern. Wie stark sind die einzelnen Knotenpunkte des Netzwerks miteinander verknüpft? Durch häufiges oder eher seltenes kontaktieren kann jeder User diese Verbindungen steuern oder auch ohne Konsequenzen ganz auflösen.

Allgemein wandelt Social Media unsere Kommunikation und trägt dabei sowohl negative als auch positive Konsequenzen mit sich. Der immer schneller werdende Datenfluss und die Vernetzungsaspekte sind besonders für das Marketing vieler Unternehmen interessant und bieten neuartige Möglichkeiten der Vermarktung. Daher soll im folgenden die Nutzung von Social Media für Unternehmen als gewinnbringendes Tool betrachtet und für den eigenen Gebrauch greifbar gemacht sowie erklärt werden. Auch ist eine Social Media Präsenz für Start Ups von enormer Wichtigkeit und besonders in der heutigen Zeit durch Phänomene wie Influencer Marketing zu einer wichtigen Quelle der Neukundengewinnung geworden. Zudem haben neuartige Berufsgruppen wie Influencer enormen Einfluss auf den immer schneller werdenden Datenfluss durch die sozialen Medien sowie den Vernetzungsaspekt.

„Im Kontext von Social Media fasst man unter sozialen Netzwerken Plattformen und Onlinepräsenzen zusammen, die darauf abzielen, den Aufbau und die Pflege von Beziehungen und den damit zusammenhängenden Informationsaustausch und die Kommunikation mit den Beteiligten im Internet zu erleichtern."

Auch in dieser Definition nach Hettler wird die Pflege von Beziehungen und den damit verbundenen Austausch von Informationen thematisiert. Besonders wichtig ist hierbei jedoch das wiederholte Thematisieren der Erleichterung der Kommunikation mittels Social Media im Vergleich zu klassischen Kommunikationsformen wie dem Telefonat oder der Face-to-Face-Kommunikation. Auch hier ist die zeitliche sowie räumliche Ungebundenheit ein wesentlicher Vorteil dieser Kommunikationsform.

Hettler fügt seiner Definition noch ergänzend hinzu, dass die inhaltliche Ausrichtung sowie die Funktionalitäten der zuvor genannten Onlinepräsenzen sich jedoch deutlich unterscheiden können. Hettler führt an diesem Punkt zwei verschiedene Beispiele von sozialen Netzwerken an. Bei diesen wird auf Ausführungen von Weiss aus dem Jahr 2009 eingegangen. Auf diese soll nun kurz Bezug genommen werden.

Zunächst nennt Hettler die Beziehungs- und Kommunikationsnetzwerke, welche er als Soziale Netzwerke im eigentlichen Sinne bezeichnet. Diese Netzwerke erfüllen den Zweck der privaten Kommunikation oder dem Austausch von Menschen, welche sich bereits untereinander kennen. Bei den vernetzenden Teilnehmern handelt es sich somit um Freunde oder Bekannte. Die Grundlage dieser Art der Vernetzung bilden soziale Beziehungen und zentrale Anknüpfungspunkte bei der Kommunikation bezeichnen hier Aktivitäten oder Statusänderungen der Nutzer. Die geteilten Inhalte der Nutzer sind dabei auf verbundene und bereits aus dem privaten Umkreis bekannte Personen beschränkt. Hettler beschreibt die Art der Vernetzung dabei als symmetrisch, da mit dem Eingehen der sozialen Beziehung, beispielsweise in Form einer Freundschaftsanfrage auf Facebook, alle gegenseitigen Aktivitäten auf dem sozialen Netzwerk für den Gegenüber nun sichtbar werden. Dies geschieht gleichermaßen auf beiden Seiten.

Neben den Beziehungs- und Kommunikationsnetzwerken existieren nach Weiss die sogenannten Publikationsnetzwerke. Diese dienen der Publikation, Verteilung sowie Diskussion verschiedenster Inhalte. Sender und Empfänger von Inhalten vernetzen sich dabei miteinander. Die Basis der Vernetzung bilden dabei die publizierten Inhalte des Senders, welche auch den zentralen Anknüpfungspunkt des Austausches bilden. Inhalte in Form von Texten, Audiodateien oder Videos sind Zentrum der Kommunikation. Die Sichtbarkeit der Inhalte kann dabei als öffentlich eingestuft werden, da der bereits erwähnte Publikationsaspekt hier eine zentrale Rolle spielt. Die Art der Vernetzung ist dabei asymmetrisch, wobei ein Nutzer einem anderen Teilnehmer folgen und somit all seine veröffentlichten Inhalte sehen kann. Dabei muss das Folgen-Verhältnis nicht auf Gegenseitigkeit beruhen. Beispielhafte soziale Netzwerke sind Twitter oder Youtube.

Diese beiden Arten der sozialen Vernetzung zeigen, wie unterschiedlich Social Media Plattformen genutzt werden können. Dabei ist zu erwähnen, dass sich nicht jede Social Media Plattform (Facebook, Instagram, usw.) auf eine dieser Unterscheidungen beschränkt. Mittlerweile bieten nahezu alle Plattformen die Möglichkeit beider sozialen Vernetzungen. So kann Instagram für den sozialen Austausch unter Freunden durch gegenseitiges Folgen genutzt werden. Das gegenseitige Eingehen dieser Online-Verbindung ist dabei nicht zwingend, kann aber für die Bestätigung der sozialen Vernetzung als Beziehungsnetzwerk Aufschluss geben. Zudem haben auch Unternehmen die Möglichkeit ein Businessprofil zu erstellen und so ihre Follower über neue Produkte oder allgemeine Updates zu informieren. Hier können die Follower eher als Fans bezeichnet werden, die mehr über die Firma oder Produkte erfahren möchten. Die Fans erwarten hier kein gegenseitiges Folgen, um ein Publikationsnetzwerk zu erschaffen. Hier ist der Fan vielmehr an der Publikation aktueller Informationen des Unternehmens interessiert.

Es sind bereits klare Tendenzen in den Bereich des Social Media Marketings zu erkennen. Da in diesem Kapitel die allgemeinen Charakteristika der sozialen Netzwerke angegriffen wurden, sollen deren Nutzen und Vorteile nun hinsichtlich des Social Media Marketings konkretisiert und weiterführend erläutert werden.

Social Media Marketing

Was ist Social Media Marketing?

„Der Begriff Social Media (soziale Medien) steht für den Austausch von Informationen, Erfahrungen und Meinungen mithilfe von Community-Websites. Dank Social Media fallen die geografischen Mauern zwischen den Menschen: In Online-Communities tauschen sie sich rund um die Uhr zu allen erdenklichen Themen und Sachverhalten aus.“

Dem ergänzt Weinberg im Bezug auf das Social Media Marketing folgende Ausführungen:
„Marketing mithilfe von Social Media [..] lässt Unternehmen Traffic, Kunden und Markenbekanntheit hinzugewinnen. Es lässt sie näher an ihre Kunden rücken und die Beziehungen zu ihnen intensivieren. [..] Social Media Marketing ist damit längst mehr als ein Trend - es ist eine Disziplin, die es im geschäftlichen Umfeld zu beherrschen gilt.“

Noch vor wenigen Jahren galt das Internet ausschließlich als Informationsmedium und es wurde größtenteils für den Zuwachs an Wissen genutzt. Jedoch hat sich dieser Nutzen enorm ausgeweitet und umfasst nun außerdem den Aspekt der Vernetzung sowie des Austauschs zwischen den einzelnen Usern. Das Internet wird somit zum Ort eines ständigen Austauschs und Kommunikation und bietet dabei keine Grenzen. Hinsichtlich jedes Themengebietes finden sich nun Online-Foren, Produktrezensionen oder sonstige digitale Orte für den themenbezogenen Austausch.

„Heute versteht man unter Social Media Marketing die Bestrebungen eigene Inhalte, Produkte oder Dienstleistungen in sozialen Netzwerken bekannt zu machen und mit vielen Menschen - (potenziellen) Kunden, Geschäftspartnern und Gleichgesinnten - in Kontakt zu kommen."

Dabei existieren überall im Internet Communities in den unterschiedlichsten Formen und Größen. Diese machen es Menschen so leicht wie nie zuvor, sich miteinander auszutauschen.

Doch was macht das Social Media Marketing genau und wozu braucht es Experten? Das Social Media Team jedes Unternehmens hat die Aufgabe diese soeben erwähnten Communities und kreierten Netzwerke möglichst richtig und effizient für das Unternehmen zu nutzen. Ziel ist es dabei besonders wirkungsvoll mit den Kunden über relevante Produkte oder Fragen zu kommunizieren. Dabei sollten Social Media Experten ihren Communities zuhören und die Beziehung zu den Kunden dabei bestmöglich ausbauen sowie stärken. Zudem sollte stets in angemessener Weise geantwortet und auf jegliche Reaktionen der Kunden in möglichst kurzer Zeit unmittelbar eingegangen werden.

In diesem Kontext spielt das Social Media Monitoring eine sehr zentrale Rolle. Um bestmöglich mit der Community kommunizieren zu können, sollten sich entwickelnde Trends kontinuierlich beobachtet und für die eigene Content-Kreation ausgewertet werden.

Folgende Fragen sind hier wichtig: Wo wird erfolgreicher Content veröffentlicht? Welche Strategien funktionieren besonders gut und wie können diese auf das eigene Unternehmen angewendet werden? Die ständigen Veränderungen und Wandlungsprozesse sind ein ebenso wichtiges und signifikantes Charakteristikum der sozialen Medien wie das Potenzial zur unmittelbaren Kommunikation. Dynamiken müssen im Social Media Marketing daher stets berücksichtigt und auf die Strategie der zuständigen Experten angewendet werden.

Warum Social Media Marketing?

Vor einiger Zeit hat es noch als vager Hype gegolten, mittlerweile ist Social Media Marketing jedoch kaum mehr aus den Marketingplänen von Start-Ups wie auch großen Unternehmen wegzudenken. Mittlerweile ist Social Media zur anerkannten Marketingdisziplin geworden und wird vielfältig eingesetzt. So als Teil crossmedialer Kommunikationsstrategien oder auch als Strategie zur Kundengewinnung. In der heutigen Zeit können es sich Unternehmen daher kaum mehr leisten auf eine Social Media Präsenz und dessen Pflege zu verzichten. Ob zur Kommunikation, zur Reputationssteigerung im Netz oder um Aufmerksamkeit hinsichtlich eines neu auf den Markt gebrachten Produktes zu generieren, die Möglichkeiten von Social Media sind für jedes Unternehmen grenzenlos.

Der Nutzen von Social Media zur Kommunikation ist historisch bedingt, da die Nutzung der sozialen Netzwerke die Kommunikation zwischen Unternehmen und Kunden stark verändert haben. So ist der Austausch unmittelbarer, gezielter möglich und lässt sich leichter steuern. Das hat dazu geführt, dass der Aspekt der Kommunikation den wohl größten Nutzungsbereich von Social Media für jede Form bezeichnet. Anhand von Reichweite oder Share of Voice wird der Erfolg dann bemessen.

Des weiteren ist Online Reputation Management eine wichtige Disziplin des Social-Media-Managements, um den Ruf des Unternehmens zu schützen und das Image des Unternehmens erfolgreich zu stärken. Zudem ist hier der Bereich des Markenbrandings zu erwähnen. Dieser bezeichnet die Social Media Kommunikation, um ein Produkt oder die Dienstleistung eines Unternehmens mittels Instagram bekannter zu machen und den potenziellen Kunden in diese einzuführen. In Folge dessen wird die Markenbindung sowie die Loyalität des Kunden dem Unternehmen gegenüber enorm gestärkt.

Doch wieso hat Social Media Marketing einen solch immensen Einfluss auf die Kommunikation zwischen Unternehmen und Kunde und wie verändert sich diese Kommunikation durch eine Instagram Präsenz der Firma? Der Mensch zeichnet sich durch die natürliche Vorliebe aus, sich über ein Produkt, an dem potenzielles Interesse zum Kauf besteht, mit anderen Menschen auszutauschen. Am einfachsten geht dies auf unmittelbarem, unverbindlichem und vor allem unvoreingenommenem Wege. Da Menschen aber nicht mit dem Produkt selbst kommunizieren und diesem ihre Fragen, Anregungen oder Erwartungen äußern können, muss dies über eine andere Person geschehen. Da jedes Produkt mit der ursprünglichen Intention, das Leben des Käufers auf bestimmten Wege zu verbessern oder zu vereinfachen, zum Verkauf angeboten wird, braucht es eine Person, die den Käufer von diesem Mehrwert überzeugt. Genau diese Person kann via Social Media eine Masse von Kunden gleichzeitig beraten, inspirieren oder auf die Marke allgemein aufmerksam machen. Durch Follower und Likes haben auch mehrer potenzielle Kunden die Möglichkeit sich auf dem Social Media Accounts des Unternehmens auszutauschen und auf Gleichgesinnte zu treffen.

„Social Media bieten Plattformen, auf denen Sie Ihre Kunden mit Ihren Geschichten am besten erreichen und begeistern können."

Jedoch beschränkt sich die Nutzung eines Social Media Kanals eines Unternehmens nicht nur auf den bereits erwähnten Aspekt der Kommunikation. Soziale Medien wurden als Tool für den Vertrieb lange unterschätzt oder sogar verpönt. Jedoch wünschen sich die meisten Kunden Hinweise via Social Media zum Sparen oder ein Aufmerksam-Machen auf neue Produkte. Daher ist es besonders für Start-Ups äußerst empfehlenswert das Vertriebspotenzial der sozialen Medien zu nutzen und diesbezüglich strategischen Sales-Content zu entwickeln. Anstelle von gängigen Online-Anzeigen oder

Bannerwerbung bietet Sales-Content eine gelungene Abwechslung. Jedoch spielt hier die richtig gewählte Angebotskommunikation eine wichtige Rolle. Fordernde Call-to-Actions sind der falsche Weg und bauen nur Druck beim Kunden auf. So sollten Formulierungen wie „Nur heute: 50 % auf alles sichern“ vermieden werden. Sales-Content auf Social Media sollte relevant, motivierend und auf den User angepasst sein. Wichtig dabei ist, dass die Anzeige nicht als störend, sondern vielmehr als erfreuliche Abwechslung zwischen Postings privater Freunde wahrgenommen wird. Auch der dazugehörige Text sollte zum stöbern und inspirieren anregen, jedoch keinen Druck oder eine Entscheidung aufzwingen. Sales-Content lebt von seiner Ungebundenheit und wird gerade dann zum Erfolg, wenn dieser unverfänglich und auf spezifische Zielgruppen angepasst an den Kunden ausgespielt wird.

Auch bietet eine Social Media Präsenz die Möglichkeit den Kundenservice des Unternehmens zu verbessern und den Kunden bestmöglich zu betreuen. So können Beschwerden unmittelbarer und im direkten Austausch behoben werden. Auch ist es für Start-Ups wichtig, einen Großteil der Serviceanfragen direkt auf dem Social Media Kanal zu beantworten und diese nicht umleiten zu lassen. So fühlt sich der Kunde bestmöglich betreut. Schon in der frühen Phase der Kundenanbahnung bietet Social Media eine wichtige Hilfestellung. Der potenzielle Kunde kann sich ganz unverbindlich und nach seinen Interessen über Produkt und Unternehmen informieren. Anders würde sich dies in Beratungsgesprächen mittels

Face-to-Face-Kommunikation verhalten. Hier spielen viele außensprachliche Faktoren wie Höflichkeitsmaximen eine ebenso wichtige Rolle und verfälschen den Prozess des Informierens auf Seiten des Kunden. Zudem kann eine stetige Social Media Präsenz den Abbruch der Customer Journey verhindern. Potenzielle Kunden folgen bei Interesse der Unternehmensseite und erhalten so regelmäßige Updates. So werden einerseits die Interessen und das Begierde nach Informationen des Kunden bedient. Andererseits bindet sich der Kunde auch an das Unternehmen und wird durch regelmäßige Postings ganz unverbindlich an die Hand genommen, um einen ersten Eindruck von der Marke und den beworbenen Produkten zu bekommen. Auch erleichtern soziale Medien die Kaufentscheidungen des Kunden, da oftmals über die Kommentarfunktion Bewertungen und Erfahrungen anderer Kunden ersichtlich werden. Letztlich kann auch das Vertrauen des Kunden in das Unternehmen durch eine Social Media Präsenz gestärkt werden. Regelmäßige Antworten auf Nachrichten, zufriedene Kundenbewertungen und ein professioneller sowie ansprechender Social Media Auftritt spielen stets in die Kaufentscheidungen vieler Kunden mit ein.

Was sind also die entscheidenden Vorteile einer Social Media Präsenz für Unternehmen? Charakteristisch ist vor allem der Aspekt der Kreation eines Netzwerkes. Soziale Medien sind daher niemals als Einbahnstraße zu betrachten, sondern bezeichnen ein Dialoginstrument, welches unzählige Möglichkeiten der

Kommunikation mit sich bringt. Dabei können intensive Kundenbeziehungen aufgebaut, verstärkt sowie nach außen hin transparent gemacht werden. Die Erschaffung eines starken Kundennetzwerks mit viel Interaktion sowie einem stetigen Austausch zwischen Unternehmen und Kunden ist die entscheidende Grundlage für eine erfolgreiche Verkaufsstrategie via Social Media und verschafft einen enormen Vorteil für Unternehmen, welche keine Präsenz in den sozialen Medien haben. Zudem verspricht Social Media Marketing ganz allgemein einen größeren Erfolg als klassische Formen der Werbung. Durch das direkte, unverbindliche und ehrliche Feedback der Netzgemeinschaft kann Kritik schneller und effizienter umgesetzt werden. Zudem ist Social Media Marketing weitaus kostengünstiger. Jedoch ist hier nicht allein gelegentliches Posten der Schlüssel zum Erfolg.

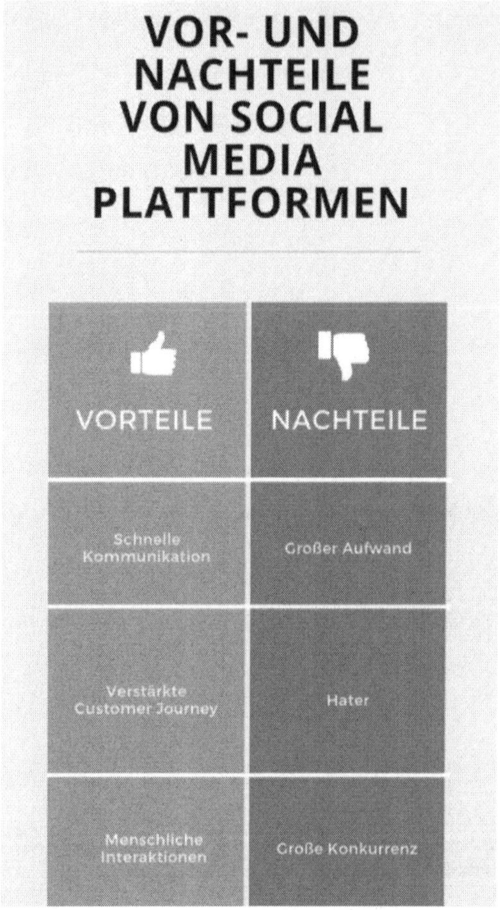

Abbildung 1: Vor- und Nachteile Social Media

„Es braucht kreative Texter, die eine knackige Copy erstellen können, Content Manager, die Ihre Inhalte für Instagram, Facebook & Co. aufbereiten, und Community Manager, die auf die Rückmeldungen der Fans und Follower richtig reagieren."

Im nun nachfolgenden Kapitel sollen zunächst spezifische Eigenschaften der Social Media Plattform Instagram aufgedeckt und folglich genauer betrachtet werden. Im Anschluss soll an dieses hier abschließende Zitat angeknüpft werden, indem wichtige Tipps bezüglich einer Social Media Präsenz für Start-Ups diskutiert werden. Hinsichtlich dessen soll eine empfohlene Strategie vorgestellt und durch ergänzende Aspekte untermauert sowie erweitert werden.

Von Swipe Ups bis Face Filter - Die Marketing Geheimnisse von Instagram

Instagram kann im Vergleich zu Facebook und Twitter als die wohl emotionalste Plattform der sozialen Medien beschrieben werden. Doch woran liegt das und was macht Instagram besonders für die junge Nutzergruppe und gleichzeitig für Marketing und Werbung so interessant? In diesem Kapitel soll in das soziale Netzwerk Instagram eingeführt, die Struktur und einzelne Tool betrachtet sowie deren Funktion für Marketing Zwecke erläutert werden.

Was ist Instagram überhaupt? Instagram ist eine Anwendung, auch App genannt, welche sich jeder Besitzer eines Smartphones kostenfrei herunterladen kann. Charakteristisch für Instagram sind die für die Bildbearbeitung verfügbaren Filter sowie die Nutzung von themenorientierten Hashtags. Zudem erinnern die quadratischen Bild-Postings an klassische Polaroid-Abzüge. Dieser Fokus auf das rein quadratische Bildformat kann als Erkennungszeichen der sozialen Plattform angesehen werden.

Da sich Instagram hauptsächlich aus Foto- und Bildbeiträgen zusammensetzt, ist die Plattform von weitaus mehr Emotionalität als beispielsweise Facebook geprägt. Zudem verlangen Bilder allgemein einen emotionalen Zugang des Betrachters, da diese anders als Texte einen weitaus größeren Interpretationsspielraum bieten sowie mittels persönlicher Eindrücke und Gefühle wahrgenommen werden. Allgemein gehen Menschen wesentlich rationaler an die Erfassung eines Textes als an ein Bild heran. Da die Analyse von Bildern weniger Fach- und Hintergrundwissen erfordert, wird Raum für individuelle Auslegungen gelassen. Zudem empfindet jeder Mensch Symbole oder abgebildete Strukturen anders. Bei der Rezeption von Text verhält es sich anders. Hier sind diese Empfindungen durch den Autor bereits nahezu vollständig vorgegeben.

Durch die Omnipräsenz von Bildern auf Instagram steigt der Anspruch an die Qualität der geteilten Bilder. Jeder möchte das neuste, qualitativ hochwertigste und kreativste Bild in seinem Feed posten. Instagram lebt daher auch von den ästhetischen Ansprüchen der Nutzern. Da eine gute Qualität bei Bildern wesentlich schneller als bei Texten zu erfassen ist, steigt das Verlangen nach einer immer besseren Bildqualität der Instagram User rasant.

Da Texte eine eher untergeordnete Rolle auf Instagram spielen, werden diese unter anderem mittels Hashtags und Mentions für die Community zugänglicher gemacht. Zudem ermöglichen diese Tools die Vernetzung der Mitglieder sowie spezifischer Inhalte untereinander. Auf diese Tools soll allerdings im späteren Verlauf detaillierter eingegangen werden.

Instagram ist deutlich von der eigenen Community, welche die Plattform als Kanal der Inszenierung nutzt, geprägt. Es gibt die Möglichkeit mittels Bildern, Bildbearbeitung und Filtern eine perfekte virtuelle Welt zu schaffen. Dies spricht besonders junge Zielgruppen an. So können Wünsche, Vorstellungen und Hoffnungen auf digitalem Wege ausgelebt werden. Zudem fungiert Instagram als übergeordnete Quelle für Inspirationen zum Thema Lifestyle. Diese spiegeln sich besonders in den oft auf Instagram anzutreffenden Bereichen Sport, Kochen, Fashion und Musik wieder. Durch diese Orientierung an das Thema Lifestyle charakterisiert sich Instagram im Vergleich zu ähnlichen Plattformen allgemein durch einen weitaus höheren künstlerischen sowie ästhetischen Anspruch an die Beiträge der Community.

Diese Möglichkeit zur kreativen Auslegung ist besonders für Unternehmen interessant. Diese betrachten Instagram als junges Marketing-Tool, welches unendliche Möglichkeiten der Kommunikation sowie Vernetzung bietet. Zudem besteht die Möglichkeit der Gewinnung neuer Kunden, wobei vor allem jüngere

Zielgruppen angesprochen werden sollen. Als Stärken von Instagram werden auch die Chancen des kreativen Content Marketings sowie des Storytellings von Seiten des Unternehmens aus gesehen. Zudem erscheint Instagram für dessen User im Vergleich zu Facebook und Co. weitaus weniger als ein Medium der Werbung. So wird ein kreativer, inspirierender und emotionaler Inszenierungsort für eine Marke und dessen Werte geschaffen. Die auf Instagram vertreten Foto- und Videosharing Community ermöglicht zudem eine weitaus indirekte Form des Marketing. So können kreative und innovative Posts kreiert werden. Zudem lässt sich die Instagram Community durch die visuell geprägten Gepflogenheiten auf Instagram leicht als Markenbotschafter instrumentalisieren, wodurch die von Marken generierten Inhalte glaubwürdiger wirken. Im nachfolgenden Kapitel zum Influencer Marketing soll auf diesen Aspekt detaillierter eingegangen werden.

Instagram bietet als soziales Netzwerk einen großen Mehrwert für das Marketing von Unternehmen. So liegen durch die große Relevanz von Interessengemeinschaften auf Instagram die Ansichten von Unternehmen und Nutzer dicht beisammen. Außerdem bietet Instagram besonders für das Marketing aller Arten von Unternehmen viele Möglichkeiten. Durch die emotionale Inszenierung einer Marke kann der Kunde auf direktem und somit erfolgversprechendem Weg angesprochen werden. So können Marken zu einem Teil ihrer Instagram Community werden und in Echtzeit mit Nutzern kommunizieren sowie auf Fragen eingehen.

Der Kunde wird so auf einem persönlichen und optimal auf die Markenwerte des Unternehmens abgestimmten Weise angesprochen. Zudem werden gut in Szene gesetzte und als ästhetisch empfundene Beiträge als weitaus weniger werblich und kommerziell aus der Sicht des Kunden verstanden. Folglich resultiert eine weitaus höhere Identifikation mit dem vom Unternehmen geposteten Beitrag und letztendlich mit dem Unternehmen und den angebotenen Produkten.

Dieser künstlerische Anspruch an Instagram und den damit verbundenen Aspekt der Vernetzung entsteht nicht bloß durch das klassische Hin- und Herschreiben verschiedenster Privatpersonen. Instagram hat gezielt Tools und Features entwickelt, welche die auf der Plattform stattfindende Kommunikation auf eine höhere Ebene bringt und das Vernetzen so einfach wie nie zuvor gestalten. Diese für Instagram signifikanten Tools und technischen Neuerungen im Social Media Kontext sollen in den folgenden Ausführungen vorgestellt sowie deren Relevanz für die Kommunikation zwischen Unternehmen und Kunden herausgestellt werden. Hierbei soll vor allem beleuchtet werden, warum gerade Instagram ein so beliebter Ort für das Marketing der heutigen Zeit darstellt.

Story-Funktion

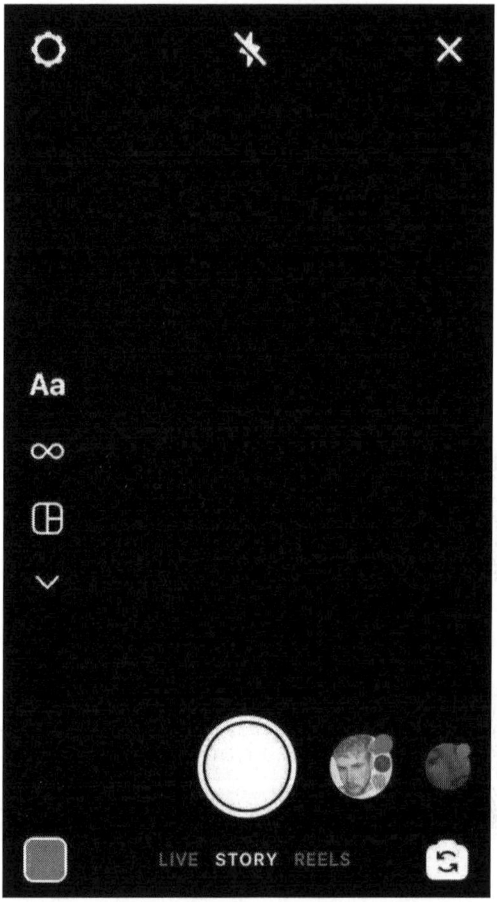

Abbildung 2: Storyfunktion

2016 ging Instagram einen außergewöhnlichen Schritt und kopierte die Funktionsweise von Snapchat. In kurzen 15 Sekunden Videos können Nutzer eine Art Tagebuch aufnehmen. Stories liegen voll im Trend, da sie viel mehr interaktiver sind als normale Beiträge. Hubspot veröffentlichte interessante Zahlen zu der Story (Hubspot, 2020):

- Mehrmals pro Woche wird von 37% der Nutzer in der Story gepostet.
- Ganze 58% sehen sich täglich die Stories an.
- Ein relevanter Teil interagiert auch mit der Story.
- Die Mehrheit verwendet die Swipe Up Funktion bei Stories von Unternehmen.
- Der Wettbewerb in den Stories steigt. So schalten bereits ca. 44% der Unternehmen Werbung in den Stories.

Die Story-Funktion bietet dem Instagram User die Möglichkeit Bilder und Videos zu teilen, welche abseits vom Feed gepostet werden können. Diese Beiträge werden nach 24 Stunden wieder gelöscht und unterscheiden sich von klassischen Feed-Postings durch ihre Spontanität, Flüchtigkeit und den niedrigeren Anspruch an künstlerische oder kreative Vorgaben. Durch diese Merkmale wird ein Story-Posting zu einer authentischen Möglichkeit der digitalen Äußerung auf Social Media und suggeriert im Vergleich zu Feed-Postings eine weitaus stärkere Alltagsnähe. Zudem spielt hier durch die Begrenzung der Ausspielung des Beitrags auf lediglich 24 Stunden eine zeitliche Unmittelbarkeit eine wichtige Rolle. Auch das ist ein Grund warum der Post authentischer und alltagsnäher auf die Community wirkt. Es erfolgt ein Blick in das private Umfeld des Users und es werden meistens folgende Fragen beantwortet: Was macht der User gerade? Wo hat er sich aufgehalten? Warum hat er sich an diesem Ort aufgehalten? Zudem werden durch Story-Postings oftmals unbewusste Empfehlungen in Form von indirekter Werbung angesprochen.

Dieses Phänomen wurde bereits in diesem Kapitel ausführlicher beleuchtet und soll im Hinblick auf die Story-Mentions, Geotagging sowie auch Hashtags noch einmal aufgegriffen werden. Allgemein erfolgt eine digitale Zusammenfassung des vergangenen Tags des Instagram-Users. Durch das automatische Löschen des Postings nach 24 Stunden wird in dieser Form meistens riskanterer, unüberlegterer oder auch unkreativerer Content gepostet. Dies hört sich zunächst einmal sehr negativ an, ist aber vielmehr als ein besonderes und auch sehr nützliches Charakteristikum der Story-Funktion zu betrachten. Für den User fällt der Druck ab das perfekte Foto posten zu müssen. Da dieses Feature freier von Vorgaben an kreativem Schaffen ist, ist dies auch für Blogger und Influencer eine beliebte Möglichkeit zum Aufbau von Authentizität und Nähe zur eigenen Community. Der typische Influencer, welcher jeden Tag ausschließlich makellose, neuartige und ästhetisch ansprechende Bilder postet, wirkt nahbarer und erhält die Möglichkeit der Community den privaten Alltag zu präsentieren.

Diese Form der Kommunikation ist daher von weitaus mehr privaten Einflüssen und Echtheit geprägt. Besonders deswegen überwiegt die Anzahl an Story-Posting meistens im Gegensatz zu herkömmlichen Feed-Postings, da hier weniger sozialer Druck und eine private Form der Kommunikation besteht. Besonders auf dem Profil des Influencers oder Bloggers entsteht der Anschein einer direkten Face-to-Face-Kommunikation mit jedem einzelnen Follower der Community wodurch Influencer und Blogger oftmals eine inspirierende Vorbildfunktion zugesprochen wird. Dieser Aspekt wird im nachfolgenden Kapitel zum Influencer Marketing noch weiter ausgeführt.

Das Feature der Highlights geht mit der Story-Funktion einher und ergänzt diese. Die Möglichkeit der Erstellung der Highlights wurde von Instagram einige Zeit nach der Veröffentlichung der Story-Funktion eingerichtet und ermöglicht geteilte Stories zu speichern und diese länger als 24 Stunden für die Community zugänglich zu machen. Genauer gesagt handelt es sich dabei um ein digitales Archiv, welches es ermöglicht die aufgenommenen Stories zu speichern und hinsichtlich verschiedener Themen zu kategorisieren. Die vom User erstellten Highlights erscheinen dann in einem separaten Feed und von den klassischen Beiträgen losgelöst in einem eigenen Feld im Feed. Die Unterteilung und Kategorisierung der Highlights liegt dabei ganz im Ermessen des Content Creators und kann nach seinen Wünschen bearbeitet werden. Zudem sind Story-Highlights jederzeit bearbeitbar, können gelöscht werden und es besteht die Möglichkeit, dass die Follower diese jederzeit erneut anschauen können. Allerdings können diese Beiträge nach dem

Einspeisen in ein Highlight nicht mehr unter den neu veröffentlichten Beiträgen auf der Startseite angezeigt werden. Die Kategorisierung erfolgt dabei oft nach Erlebnissen oder sozialen Events. So werden Urlaube in Highlights zusammengefasst oder Stories hinsichtlich der Themen Essen, Freunde oder Hobbys geordnet.

Abbildung 3: Story Beispiel Influencer Ernesto_Havber

Hashtags

Hashtags gehören seit dem Beginn von Instagram zu den sofort verfügbaren Tools und sind bis heute eines der wesentlichen Charakteristika des sozialen Netzwerks. Hashtags werden durch das Symbol der Raute (#) kreiert. Dabei sollte die Raute am Wortanfang, ohne eingeschobenes Leerzeichen, stehen. Der mit diesem Symbol verknüpfte Begriff wird nachfolgend zu einem Suchbegriff innerhalb des Instagram Netzwerks und kann von anderen Users gesucht werden. Üblicherweise werden diese Hashtags in den Bildunterschriften unter einem klassischen Feed-Post verwendet, können aber auch in der Story-Funktion auftauchen. Fall man die Hashtags nicht in die Bildunterschrift einbauen will, kann man sie auch als ersten Kommentar unter dem Post platzieren. Alle mit einem bestimmten Hashtag versehenen Bilder können dann über diesen Hashtag gefunden werden. Auch erscheinen jedem User bei dem Klick auf diesen Hashtags alle mit diesem Hashtag versehenen Bild- oder Videobeiträge. Sinn dieser Vernetzungsmöglichkeit ist eine möglichst gefilterte und themenbasierte Form der Suche, welche es den Usern auf noch einfacherer Wege ermöglicht sich zu vernetzen. So können schnell und besonders gezielt Beiträge zu einem gewünschten Thema gefunden werden.

Unternehmen haben die Möglichkeit mit markenspezifischen Hashtags zu arbeiten. Dabei spricht man von sogenannten "Branded Hashtags". Unter dem Hashtag "shareacoke" sind beispielsweise mittlerweile über 600k posts verlinkt. So gewinnt man als Unternehmen kostenlosen nutzergenerierten Content.

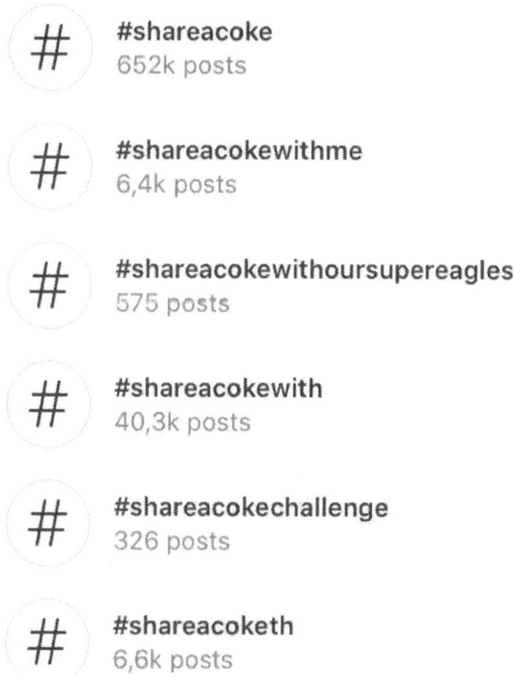

Eine Studie von Hubspot zeigt, dass die Interaktionsrate sinken kann, wenn man mehr als ca. 6-10 Hashtags verwendet. Einer der beliebtesten Hashtags ist der Begriff #love. Für Unternehmen bietet es sich aber an, alternative Hashtags zu benutzen, die mit dem Überbegriff verbunden sind. Dort ist die Reichweite etwas kleiner aber die Chance am Anfang gefunden zu werden deutlich höher. Man sollte also Abstand nehmen die maximale Anzahl an Hashtags von 30 in sein Post aufzunehmen. Vielleicht hast du von einigen 'Hashtag-Gurus' auf YouTube gehört, dass du alle 30 Hashtags in jedem deiner Beiträge verwenden MUSST, um ein größeres Publikum zu erreichen. Das ist jedoch nicht wahr. Für manche Leute funktionieren zum Beispiel 15-20 Hashtags besser als 30.

Ratsam ist es, genau mit dieser Zahl zu beginnen. Es ist schwer zu sagen, was der Grund dafür ist. Wahrscheinlich erkennt Instagram die Verwendung von 30 Hashtags als ein Spam-Verhalten für manche Accounts. Gezielte Suche nach relevanten Hashtags lohnt sich meist mehr. An dieser Stelle kann ich dir das All-In-One Tool "Flick" empfehlen, mit dem du die Hashtags für dich herausfinden kannst, die am meisten Ergebnisse erzielen und dir mehr Reichweite verschaffen. Auf Flick gelangst du hier:

https://flick.tech?fpr=socialmedia

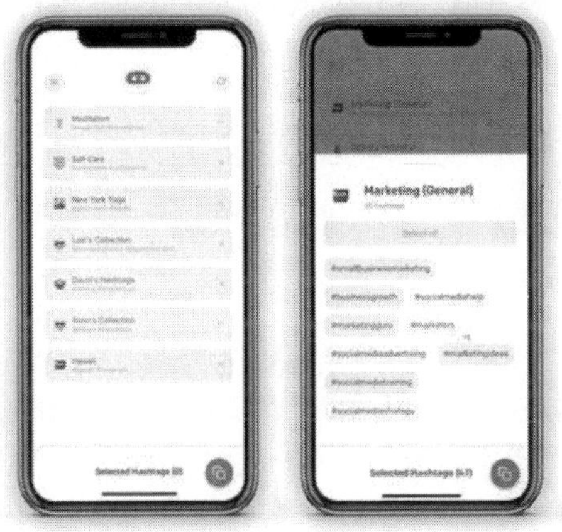

Hashtag	Competition Score	Potential Reach	DAPC	Ave. Likes ↓	Posts made	Ave. Comments
#socialbranding			9	242	13.8k	20
#integratedmarketing			57	242	13.3k	35
#learndigitalmarketing			12	234	6.2k	18
#dailymarketing			2	218	7.0k	14

Abbildung 4: Hashtaganalyse

Follow-Funktion

Eine der wohl grundlegendsten Prinzipien, welches bei weitem nicht nur auf Instagram beschränkt ist, ist das Prinzip des Folgen oder Entflogen von Instagram Usern. Mittels eines Klicks auf den ‚Abonnieren'-Button folgt man einem Instagram User und bekommt von diesem Zeitpunkt an alle von dieser Person veröffentlichen Beiträge, Stories und andere neue Inhalte zu sehen.

Das Eingehen dieses digitalen Abonnements ist der erste Schritt zur Kreation von virtuellen Netzwerken und lässt diese auch über lange Zeiträume bestehen. Durch die Unmittelbarkeit, Einfachheit sowie Ungebundenheit wird es einem jedem User auf komfortabelsten Wege ermöglicht, ein eigenes Netzwerk zu erstellen oder sich mit anderen Personen zu vernetzen. Dieses Abonnement ist zudem auch für Unternehmen von großem Vorteil, da die Beziehung zwischen Kunde und Unternehmen durch das Eingehen des Abonnements bestätigt und mittels regelmäßigem Content intensiviert werden kann. Diese Follow-Funktion ermöglicht es Unternehmen zudem neue Kunden auf einfachem Wege zu gewinnen sowie ein Teil des Alltags von potenziellen Kunden zu werden. Wenn beim spontanen Blick auf die Instagram Startseite von dem potenziellen Kunden ein Beitrag des Unternehmens angezeigt wird, beschäftigt sich der

Kunde sowohl bewusst als auch unbewusst in einem völlig anderen Kontext mit den geteilten Inhalten des Unternehmens. Diese Ungebundenheit von Raum und Zeit und die dennoch bestehende Möglichkeit der Pflege von Kundenbeziehungen ist eine der wesentlichen Stärken von Social Media und bietet Unternehmen die Chance im Alltag seiner Kunden präsent zu sein.

Live-Video

Neben den Videoformaten des IGTV und des Reels verfügt Instagram außerdem noch über die Möglichkeit ein Live-Video zu starten. Hier kann jedes Profil in seiner Story ein Video starten, welches als ein Videocall mit der gesamten Community angesehen werden kann. Durch die Benachrichtigung jedes Followers beim Start eines Live-Videos wird die Community umgehend informiert und kann sich nach Belieben in den Live Video Chat einwählen. Hier wird die Story-Funktion in eine digitale Form der unmittelbaren und zeitlich realen Face-to-Face-Kommunikation auf virtuellem Weg überführt. Influencer oder Blogger können somit noch mehr Nähe zu ihrer Community herstellen und können ein räumlich unabhängiges Gespräch mit ihrer Community führen. Auch Unternehmen erhalten die Chance auf diesem Weg eine noch engere Beziehung zu ihren Kunden aufzubauen, die Situation eines Beratungsgesprächs nachzustellen oder in zeitlicher Echtheit auf Fragen wie auch Anregungen der Community zu reagieren. Follower haben hier die Möglichkeit mittels kurzer Textnachrichten über die Kommentieren-Funktion den Verlauf des Live-Videos zu beeinflussen und können somit am Geschehen mitwirken. Auch durch dieses Merkmal wird die Bindung zwischen Instagram User und Follower massiv gestärkt und es entsteht ein themenbezogener Austausch in Echtzeit.

IGTV

Instagram TV, kurz auch mit den Akronymen IGTV abgekürzt, bezeichnet maximal 60 Minuten lange Videos, welche dauerhaft im Feed eines jeden Instagram Nutzers gepostet werden können. Dabei werden sie losgelöst von klassischen Feed-Postings im Feed dargestellt. Hier haben die Nutzer die Möglichkeit weitaus mehr Content für ihre Follower aufzubereiten. Oftmals wird dieses Feature für themenbasierte Ratschläge von Seiten der Influencer oder Blogger genutzt. So werden beispielsweise Workouts abgefilmt, Outfit-Kombinationen präsentiert oder ein Zusammenschnitt aus dem letzten Urlaub via IGTV hochgeladen. Eine Untergruppe der IGTV-Videos bilden die sogenannten Reels. Dieses Feature ist noch neu im Repertoire von Instagram und bezeichnet maximal 15 Sekunden lange Kurzvideos, welche meistens mit passender Musik unterlegt werden. Diese Funktion ist an die Social Media Plattform Tik Tok angelehnt und wird meistens in Verbindung mit zu der ausgewählten Musik passenden Tanzschritten genutzt. Diese kurze Videoform bezeichnet eine Art Mittelweg zwischen der Story-Funktion und längeren IGTV-Videos. Sowohl IGTV-Videos als auch Reals werden dauerhaft in den Feed des Instagram Nutzer genutzt und können dementsprechend zu jeder Zeit von anderen Nutzern aufgerufen werden.

Shop-Funktion

Die Shop-Funktion auf Instagram ist besonders für Unternehmen und deren Sales-Marketing interessant. Dieses Feature ermöglicht es die Website des Unternehmens mit Instagram zu verknüpfen. Jeder Instagram User kann nach erfolgreicher Verknüpfung dann mittels dieser Verlinkung die im Feed geposteten Produkte des Unternehmens ganz einfach in wenigen Sekunden nachkaufen. Um diese Verlinkung herzustellen, muss der entsprechende Artikel mit einem Bild, einem entsprechenden Titel und dem dazugehörigen Link zur Website auf Instagram eingespeist werden. Möglich ist diese Aktion nur für Business Profile. Jeder private Instagram User wie auch jedes Unternehmen haben auf Instagram die Möglichkeit das eigene Profil in ein Business Profil umzuwandeln. So wird eine detaillierte Beobachtung der Follower Aktivitäten möglich. Auch beinhaltet dieses Feature viele weitere Möglichkeiten zur noch genaueren Beobachtung des gesamten Traffics auf dem Instagram Profil. Mittels der Shop-Funktion wird es zudem möglich die Schritte sowie das Kaufverhalten der Follower des Unternehmens genauer zu analysieren. Es kann auch getrackt werden, wie erfolgreich einzelne

Instagram Beiträge sind und worauf die Follower am besten reagieren.

Geo-Tagging

Das bereits erwähnte Geo-Tagging kann bei Instagram sowohl auf klassische Feed-Beiträge als auch auf Story-Postings angewendet werden. Dabei handelt es sich um die Markierung spezifischer Standorte, welche der Instagram User besucht hat und nach seinem Besuch in einem Posting erwähnen kann. Instagram bietet bereits eine große Auswahl an Lokalitäten, welche mittels des Features in Beiträgen erwähnt werden können. Die Besonderheit: In den meisten Fällen leitet das Geo-Tagging jeden Instagram User beim Klick auf den Tag auf die Unternehmensseite des Restaurants, der Freizeiteinrichtung oder ähnlichen Orten weiter. Falls die Verlinkung der exakten Unternehmensseite nicht möglich ist oder diese schlichtweg nicht existiert, wird anstelle dessen die genaue Adresse des Standorts hinterlegt. Dieses Feature bringt vor allem den Unternehmen, die sich hinter den markierten Standorten verbergen, einen entscheidenden Vorteil. Sie werden Teil der Netzwerke viele Instagram User und haben somit die Möglichkeit auf einfachem Wege neue Kundschaft zu gewinnen. Zudem verläuft das Tagging oftmals über indirekte Empfehlungen, da wohl kaum jemand eine Örtlichkeit markieren und somit an seine Followerschaft weitergeben würde, wenn diese den User nicht zufrieden gestellt hat. Instagram hat es geschafft, durch die Standort-Tags zu einer Suchplattform für Geschäfte, Lokale oder Restaurants zu werden.

Die Interaktionsrate kann deutlich steigen, wenn man Standort-Tags verwendet. Los Angeles ist übrigens die Stadt mit den meisten Tags und der größten Interaktionsrate (Hubspot, 2020). Als Unternehmen können Sie sich auch einen eigenen individuellen Standort-Tag erstellen.

Umfrage-Funktion

Instagram bietet seinen Usern zudem die Möglichkeit die Story-Funktion mittels der Umfrage-Funktion zu erweitern. Mittels eines Stickers können Instagram User Umfragen für die eigene Story erstellen. Dazu wird eine Frage formuliert und die dazugehörigen Antwortmöglichkeiten vom User für seine Follower vorgegeben. Dabei können zwei oder mehrere Antwortmöglichkeiten bereitgestellt werden. Die Follower können dann ihre präferierte Antwortmöglichkeit mittels eines Klicks auswählen und dem User somit eine Rückmeldung in Form einer Antwort geben. Zudem können Umfragen auch in einer offeneren Form gestaltet werden. Dabei ist es auch möglich, dass Follower in ein Textfeld ihre Antwort in eigenen Worten eintragen können. Dieses Feature ist zudem äußerst interessant für Unternehmen und deren Marketing. Diese Form der themenspezifischen Dialogführung bietet eine Möglichkeit mit der Community in Kontakt zu treten sowie hinsichtlich konkreter Fragen ein Feedback einzuholen. Auch ist dieses Tool für Bereiche des Kundenservices relevant, da somit der Kontakt zum Kunden auf direktem Weg gepflegt werden kann. Zudem wird es so einfach wie nie zuvor gemacht sich Feedback hinsichtlich eines bestimmten

Themenbereiches einzuholen sowie auf Wünsche und Anregungen der Community einzugehen.

Swipe Up

Swipe Up Links ermöglichen es innerhalb eines Story-Postings externe Websites zu verlinken. So kann beispielsweise auf erwähnte Produkte in der Story mittels eines Links zur Unternehmenswebsite verwiesen werden. Durch die Aktion des Nach-oben-wischens von den Zuschauern einer Story gelangen diese dann zur markierten Webseite. Diese Möglichkeit der Vernetzung von externer Inhalten auf Instagram ist vor allem für Influencer und Unternehmen interessant. So werden Follower auf kürzestem Wege zu den in der Story erwähnten Inhalten weitergeleitet. Im Kontext des Sales-Content von Unternehmen wird für potenzielle Kunden das Einkaufserlebnis so einfach und bequem wie möglich gemacht. Der Instagram Nutzer muss das gewünschte Produkt nicht selber suchen, sondern kann beim Kaufprozess durch das Unternehmen unterstützt und an die Hand genommen werden. Zudem bietet diese Funktion für das Reporting der Marketingmaßnahmen von Unternehmen eine entscheidende Rolle. Die Swipe Up's eines jeden Links können digital getrackt und für die Nachbereitung des Sales-Content genutzt werden. So wird es Unternehmen besonders leicht gemacht ihr Marketing besonders gewinnbringend weiterzuentwickeln und auf den Kunden anzupassen. Zudem kann der Erfolg von Influencer-Marketing gemessen oder die Interessen von potenzieller Kundschaft verfolgt werden. Hier erfolgt eine indirekte Verwertung des Nutzungsverhaltens der Community. Dies ist aber keinesfalls negativ zu bewerten, da Unternehmen so die Möglichkeit geboten wird, ihre Beziehung zur Community durch die Content Überarbeitung zu intensivieren und zu verbessern.

Mentions

Mentions auf Instagram erlauben es jedem User andere auf Instagram registrierte User in all ihren Beiträgen zu markieren und somit auf andere im sozialen Netzwerk existente Profile zu verweisen. Diese Mentions sind innerhalb jeglicher Tools auf Instagram möglich. So können Instagram Profile in Stories, klassischen Feed-Beiträgen, in Reels oder auch in IGTV's markiert werden. Dem Instagram User wird es so ermöglicht, die in der im Beitrag thematisierten Situation weiteren anwesenden Personen zu markieren und der Community somit eine noch genauere Vorstellung von der erlebten Situation zu geben. Es erfolgt zudem eine Visualisierung des Netzwerks eines Instagram Users für seine Follower und vereinfacht im Folgenden das Vernetzen mit anderen Personen. Zudem kann diese Funktion auch als Inspirationsquelle für die Community gelten. Wird beispielsweise einem berühmten Star gefolgt, können durch Mentions weitere berühmte Persönlichkeiten entdeckt werden, denen man aufgrund von ansprechendem Content dann ebenfalls folgt. Auch erlauben es Story-Mentions einem in einem Story-Posting erwähnten Profil dieses Posting ebenfalls in seiner Story zu teilen und diese Inhalte somit auf ein weiteres Netzwerk zu übertragen. Somit verlagern sich

Inhalte von einem Netzwerk in ein anderes. An diesem Punkt wird der Datenfluss und die Schnelllebigkeit der Plattform Instagram besonders deutlich. Auch für Unternehmen ist dieses Feature von großer Bedeutung. Diese besonders intensive Form der Vernetzung ermöglicht es die Bekanntheit des Unternehmens zu steigern und neue Follower sowie potenzielle Kunden zu gewinnen. Man sollte aber nur Profile taggen, die relevant sind. Es bietet sich also an Partner, Mitarbeiter, Fürsprecher des UNternehmens zu taggen.

Filter

Eine an den ästhetischen und künstlerischen Anspruch von Instagram angelehnte Funktion sind die sogenannten Filter, welche auf normale Feed-Postings sowie auch auf Story-Postings angewendet werden können.

Die für Feed-Postings ausgelegten Filter können auf ein jedes beliebige Bild gelegt werden und verändern dann Charakteristika wie Beleuchtung oder Farbigkeit des Bildes. Hier kann der Instagram User zwischen 23 von Instagram bereitgestellten Filtern wählen. Die Filter, die auf die Story-Funktion auf Instagram angewendet werden können, sind dagegen komplexer aufgebaut. Hier gibt es einige Unterscheidungen. Hier existieren bereits einige von Instagram bereitgestellte und nach einem gewissen Zeitraum wechselte Filter. Dies können dabei nicht nur Licht oder Farbigkeit des aufgenommenen Bildes oder Videos verändern, sondern es handelt sich teilweise auch um sogenannten Content mit Augmented

Reality. Diese erweiterte Realität zeigt sich durch digitale Brillen, Sommersprossen oder andere Masken, die mittels eines Filters auf das Gesicht des Instagram Users gelegt werden. Hierbei handelt es sich um ein Feature zur Befriedigung des künstlerischen sowie ästhetischen Anspruchs an Instagram. Die für lustig empfundenen und der Kreativität keine Grenzen setzenden Facefilter laden zum Ausprobieren und zur Belustigung ein. Des Weiteren besteht die Möglichkeit, dass jeder Instagram User einen eigenen Facefilter auf Instagram veröffentlichen kann. Dies ist mit dem kostenfreien Programm Spark AR Studio möglich. Dieses Programm wird durch Facebook bereitgestellt.

Abbildung 5: Spark AR Studio

Allerdings müssen von Usern kreierte Filter zunächst von Instagram genehmigt werden, um öffentlich zugänglich zu werden. Die Erstellung eigener Filter findet besonders bei Bloggern sowie Influencern großen Anklang und bietet zudem eine zusätzliche Möglichkeit, um das eigene Netzwerk zu vergrößern. Durch den künstlerisch ästhetischen Anspruch an diese Filter bieten Influencer durch die Kreation eigener Filter ihren Follower die Möglichkeit am eigenen Leben teilzuhaben.

Da Follower oftmals Wunschvorstellungen auf Influencer haben oder diesen eine gewisse Vorbildfunktion zugesprochen wird, sind eigens kreierte Filter für Follower dem bevorzugten Influencer ein Stück weit mit seinem künstlerischen Schaffen in Kontakt zu treten sowie dieses auf das eigene Leben zu übertragen. Man kann sich auch von Freelancern auf zum Beispiel Fiverr diese individuellen Filter erstellen lassen. Auf Fiverr gelangst du mit diesem Link: http://www.fiverr.com/s2/219c58fe78

Alle auf Instagram verfügbaren Features in diesem Rahmen zu präsentieren, würde den Rahmen dieser Ausarbeitung sprengen, weswegen sich hier nur auf die für Marketingzwecke wichtigsten Handlungsmöglichkeiten für Instagram User eingegangen wurde. Diese komprimierte Auswahl kann noch durch eine Vielzahl weiterer Tools erweitert werden. Daher ist es immer ratsam die Entwicklung von Instagram aus dem Blickwinkel eines Unternehmens zu beobachten und diesbezüglich alle verfügbaren Anwendungsmöglichkeiten auszuprobieren. Zudem entwickelt sich Instagram stets weiter und präsentiert kontinuierlich neue Features, die neue Möglichkeiten der Vernetzung und der Kommunikation bereithalten.

An dieser Fülle an Tools und Methoden der Vernetzung ist ein Aspekt von wichtigster Bedeutung: Die Kommunikation. All diese auf den Austausch und die Kreation von Netzwerken ausgelegten Handlungsmöglichkeiten auf Instagram erleichtern es miteinander zu kommunizieren, verknüpfen Inhalte auf einfachste und unmittelbarste Art miteinander und bieten den Nutzern die Möglichkeit zur kreativen Auslebung im Netz. Durch Features wie die Möglichkeit der Standortmarkierung oder Hashtags werden auch Privatpersonen zu unbewussten Werbeträgern in dem sozialen Netzwerk. Diese Beobachtung ist jedoch keinesfalls negativ zu betrachten. Beispielsweise durch das Markieren eines Restaurants in der Story einer Privatperson ist es für die Follower dieser Privatperson sehr einfach einen genauen Eindruck von der Lokalität zu bekommen. Inspirationsquellen werden somit zugänglicher, Unternehmen erhalten eine weitaus größere Reichweite und erhalten die Möglichkeit auf direktem Wege Werbung zu betreiben und neue Kundschaft zu generieren. Durch das soeben erwähnte Markieren eines Restaurants in der Story einer Privatperson läuft diese indirekte Form der Werbung über die persönliche Empfehlung eines privaten Instagram Users. Da diese Person kein Geld oder sonstigen Mehrwert durch die Erwähnung erhält, ist hier die wohl authentische Werbung im Kontext von Social Media zu beobachten. Anders verhält sich dies beim sogenannten Influencer Marketing. Allerdings sind die Intentionen hier ähnlich: Es handelt sich um eine von Authentizität und Echtheit geprägte Werbeform. Im nun folgenden Kapitel soll genauer auf das Phänomen des Influencer Marketing eingegangen und anschließend herausgestellt werden, warum diese Form des Marketings besonders für junge Unternehmen äußerst interessant ist.

Hier noch einmal eine kurze Zusammenfassung:

- Man sollte einen ausführlichen Steckbrief erstellen und die "BIO" ausfüllen.
- Um besser gefunden zu werden, sollte man die eigene Profession zum "Namen" hinzufügen (nicht den Username) zum Beispiel: Max | Amazon KDP Experte.
- Hochwertigen Content posten.
- Man sollte auf Kommentare antworten.
- Verschiedene Arten von Content posten. Von Story über IGTV bis zu Foto-Beiträgen ist alles erlaubt.
- Mit Mikro- und Nano-Influencern zusammenarbeiten und Geschäftspartner für Instagram suchen.
- Werbeanzeigen schalten, um Beiträge zu boosten.

Influencer Marketing

Um besonders jüngere Generationen und Zielgruppen anzusprechen, weichen immer mehr Unternehmen von klassischen Werbeformaten ab. Da Werbebotschaften heutzutage so glaubhaft wie möglich an den Kunden übermittelt werden sollen, setzen immer mehr Marken auf sogenanntes Influencer Marketing. So wird mittels der Berufsgruppe des Influencers ein Produkt zum Kauf angeboten, wobei die Werbebotschaft über die offensichtliche Werbung hinausgeht und nutzenstiftende Infos wie auch die Verbindung des Nutzers zur Persönlichkeit des Influencers entscheidend ist. So spielen hier Faktoren wie Identifikation, eine Vorbildfunktion des

Influencers oder auch Wunschvorstellungen des Nutzers neben dem klassischen Bewerben eines bestimmten Produktes eine große Rolle.

Beim Influencer Marketing handelt es sich allgemein um ein Empfehlungsmarketing auf Grundlage von persönlichen Empfehlungen des jeweiligen Influencers. Diese Art des Marketing bedient dabei online wie auch offline die gleichen kognitiven wie auch affektiven Informationsprozesse und ist daher nicht allein auf ein digitales Wunschdenken zu beschränken. Dennoch entfaltet sich die online geschaltete Influencer Werbung durch die Zirkulation und Schnelllebigkeit in den sozialen Medien wesentlich schneller. Durch diesen dynamischen und selbstbestimmten Dialog kann die Kommunikation mit der Zielgruppe bestmöglich und gewinnorientiert gesteuert werden.

So besteht beim Influencer Marketing folgende Herausforderung für das Unternehmen: Das Potenzial und die Reichweite des Influencers müssen zielgruppenorientiert und hinsichtlich der unternehmensinternen Marketingziele eingesetzt und ein für den Influencer attraktives Angebot für den Start der Zusammenarbeit ausgearbeitet werden.
Von der ursprünglichen Wortbedeutung von dem Englischen *(to) influence* ausgehend, können Influencer als Beeinflusser, die Handlungsempfehlungen äußern, definiert werden. Dabei wird durch bestimmte Werbepostings Aufmerksamkeit auf dem Profil des Influencers erzeugt und dies in Verbindung mit einer persönlichen Produktempfehlung umgesetzt.

Deges definiert die Berufsgruppe des Influencers in seinen Ausführungen zum Influencer Marketing wie folgt:
Es handelt sich um Personen, die „aus eigenem Antrieb Inhalte (Text, Bild, Audio, Video) zu einem Themengebiet in hoher und regelmäßiger Frequenz veröffentlichen und damit soziale Interaktion initiieren." 27% mehr Likes erhalten Fotobeiträge im Vergleich mit Videobeiträgen. Am schlechtesten schnitten in einer Studie von Hubspot die Carousel Beiträge ab.

Diese Interaktion geschieht dann über internetbasierte Kommunikationskanäle wie beispielsweise den Social Media Plattformen Facebook, Instagram, Youtube, Snapchat oder Twitter. Dabei grenzt die hohe Reichweite und Interaktionsrate auf den Profilen der Influencer von denen der herkömmlichen Instagram Nutzer ab. Ein Influencer sollte dabei möglichst auf mehreren Kommunikationskanälen aktiv sein und die dort gängigen Funktionen sowie Werkzeuge sicher beherrschen. Des Weiteren sollte eine hohe Eigenmotivation und ein Drang zur themenorientierten Informationsweitergabe bestehen. Das Profil des Influencers zeichnet sich zudem durch eine bestimmte Fachkompetenz hinsichtlich eines ausgewählten Themenbereichs aus. Über diesen Themenbereich möchte die Community des Influencers dann in den regelmäßigen Postings mehr erfahren. Die zeitnahe und regelmäßige Kommunikation mit der Community ist dabei grundlegend und verschafft dem Influencer eine hohe Akzeptanz und soziale Anerkennung durch die Follower.

Da die Reichweite des Influencers so interessant für das Erreichen der Marketingziele von Unternehmen ist, soll dieser Aspekt nun kurz genauer betrachtet werden. Deges sieht hier zwei Komponenten, welche für den Reichweitenzuwachs eines Instagram Profils sorgen: *High Interest* und *High Involvement*. *High Interest* bezeichnet die Attraktivität des Themas für die Community, über welches der Influencer in seinen regelmäßigen Postings informiert. Das Bestreben nach sozialem Austausch mit Gleichgesinnten hinsichtlich eines bestimmten Themengebietes wird bei Deges als *High Involvement* charakterisiert. Allgemein werden Nutzer auf Influencer aufmerksam, wenn Sie dem auf dem Profil vertretenden Themengebiet großes Interesse entgegenbringen. Zudem erfolgt dieser Prozess auch über das soziale Umfeld, wobei Empfehlungen der abonnierten Influencer von Freunden oder Bekannten dem privaten Instagram User angezeigt werden. Mit der Aktion der Betätigung des „Folgen"-Buttons wird der User zum Follower des Influencers und erwartet damit von diesem Zeitpunkt an regelmäßige Ratschläge, Tipps und Anregungen hinsichtlich eines ausgewählten Themas. Mit positivem Feedback auf dargebotene Postings und Empfehlungen der Follower bildet sich eine stabile Community des Influencers aus. Dies geschieht vor allem über die sehr persönliche und unterhaltsame Art der Kommunikation und die Offenheit sowie Einblicke in das Privatleben des Influencers. So baut der Influencer nach und nach eine emotionale Nähe zu seiner Community auf.

Mit der Erschaffung einer Community wird der Influencer zudem automatisch zu einem Multiplikator und Meinungsführer im virtuellen Informationsaustausch. Dabei wird die Multiplikationsfunktion durch die hohe Reichweite und die viralen Effekte der Informationsweiterleitung des Profils kreiert. Durch den starken sozialen Einfluss sowie die hohe Aktivität und der Qualität der Kommunikation wird der Influencer gleichermaßen zum Meinungsführer seiner Community. An diesem Punkt beginnt dabei die Positionierung als eine Art von Vorbildfunktion für die Follower. Zusammenfassend kann der Influencer in dem sozialen Medium Instagram und die Beziehung zu seinen Abonnenten folgendermaßen charakterisiert werden:

„Ein Influencer ist eine natürliche Person, die einen Blog und/oder einen Account in sozialen Netzwerken mit hochwertigen Informationen zu einem Thema bespielt und dem ihm größtenteils unbekannte Personen als Fans/Follower/Abonnenten folgen, weil sie seinen Inhalten ein hohes Interesse entgegenbringen und ihn als glaubwürdigen und authentischen Experten wahrnehmen."

Des Weiteren nennt Deges vier spezifische Eigenschaften, die einen Influencer charakterisieren und seine Überzeugungskraft gegenüber der Community bestärken. Das Idealbild Influencer erhält seine Überzeugungskraft durch die von der Community als fachlich informiert und für authentisch befundene Persönlichkeit des Influencers. Eine wichtige Komponente ist hier die Glaubwürdigkeit.

Influencer bilden ihre Meinung auf Grundlage einer persönlichen sowie subjektiven Bewertung aus und äußern diese in Form von Empfehlungen an ihre Community. Die Glaubwürdigkeit liegt dabei im Fachwissen des Influencers begründet und wird durch die tägliche Auseinandersetzung hinsichtlich eines bestimmten Themenbereichs kontinuierlich erweitert. Dabei erwartet die Community ausschließlich Produktempfehlungen, die zur vollsten Zufriedenheit des Influencers sind und auf Grundlage des Expertenstatus ausgiebig getestet wurden. Zudem sollte das beworbene Produkt zum Interessengebiet der Community und zum Expertenwissen des Influencers passen. Auch bringt die Community dem Influencer ein hohes Maß an Vertrauen entgegen.

Der Status des Influencers bringt eine unvoreingenommene und neutrale Position als Ratgeber mit sich und definiert sich durch die Authentizität des Influencers. Allerdings kann es auch schnell zu einem Vertrauensverlust auf Seiten der Community kommen, wenn der Influencer nicht stringent auf Grundlage seiner Empfehlungen agiert und diese beispielsweise nicht in seinen privaten Alltag integriert. Dies sorgt für Unglaubwürdigkeit und setzt das Vertrauensverhältnis zwischen dem Influencer und seiner Community außer Kraft. Ebenso ist die Authentizität des Influencers ein signifikantes Merkmal. Dabei bestimmen maßgeblich die Art der Informationsübermittlung an die Community sowie die Kommunikation im sozialen Netzwerk wie authentisch der Influencer erscheint.

Hier ist ein hohes Maß an Kommunikation und Interaktion mit der Community sowie deren Kontinuität unerlässlich.

Bei dieser kontinuierlichen Kommunikation hat jeder Influencer seinen ganz eigenen Stil mit der Community in Austausch zu treten. Auch hier ist die Kontinuität dieses Kommunikationsstils von enormer Wichtigkeit und sorgt somit für Authentizität. Wichtig ist zudem, dass der Influencer seinem Themengebiet stets mit Begeisterung und Leidenschaft begegnet sowie diese stets an die Community übermittelt. Ebenso wirken Sprache und Tonalität bei diesen Faktoren mit. Als Unternehmen sollte man bei der Auswahl eines Influencers für angestrebtes Influencer Marketing daher stets beachten, ob die Zielgruppe (die Community des Influencers) den Dialog mit dem Influencer als authentisch wahrnimmt.

„Influencer sind alltägliche Personen, deren Bekanntheit und Popularität sich auf ihren Aktivitäten in Social Media aufbaut."

Letztlich soll in Bezug auf das soeben genannte Zitat nach Deges auf den letzten Punkt der Identifikation mittels Influencer Marketing eingegangen werden. Der Influencer ist als bekannte Persönlichkeit der digitalen Welt von herkömmlichen Prominenten wie Sportlern, Sängern oder Politikern abzugrenzen. Aufgrund des Berichtes aus dem eigenen Leben auf eine sehr persönliche Art und Weise erscheinen Influencer ihrer Community nicht wie Fremde und bauen eine Art Vertrauensverhältnis zu ihren Fans auf. Der Community wird dabei vermittelt, ein Teil des Lebens des Influencers zu sein und in dieses Leben ausgiebige Einblicke zu erhalten.

Abbildung 6: Beitrag von Ernesto_Havber

Durch die regelmäßige Kommunikation und Aktivität des Influencers auf Instagram wird die Community zum alltäglichen virtuellen Begleiter des Influencers. Es entsteht die Illusion einer vertrauten Face-to-Face-Kommunikation zwischen dem Influencer und jedem einzelnen Fan. Dieses Gefühl von Nähe wird durch vertraute Aspekte wie eine ritualisierte Ansprache an die Community, andere sprachliche Merkmale, Gestiken, die

Thematisierung von Problemen sowie der Bewegung des Influencers in seinen privaten Räumlichkeiten enorm verstärkt. All diese Aspekte initiieren eine Identifikation der Community mit dem Influencer und bestärken die Vorbildfunktion sowie das Vertrauensverhältnis zwischen Influencer und Community.

Es gibt viele Arten von Influencern. Es gibt keine klare Grenze, ab wann man als Makro, Mikro oder Nano Influencer gilt. Eine kleine Community sollte aber definitiv nicht als Nachteil angesehen werden. Mikro oder Nano Influencer kennen sich besser in ihrer Marktnische aus und die Werbekosten für diese Influencer sind niedriger. Sie sind besser zu erreichen und offen für Deals.

Let's start via Instagram - Social Media für Start-Ups

Eine Social Media Strategie für Instagram entwickeln.

Die bisherigen Ausführungen haben gezeigt, dass eine durchdachte und strategische Präsenz in den sozialen Medien spätestens seit den letzten Jahren unumgänglich für Unternehmen ist. Durch die Nähe zum Kunden, das Einholen von unvoreingenommenen Feedback und die Möglichkeit eines unmittelbaren Austauschs bietet Social Media gerade für Start-Ups eine ideale Basis um neue Produkte, Markenwerte oder das Unternehmen zu promoten.

Mittels Online-Abstimmungen, mit regelmäßigen Story-Postings oder doch lieber tägliche Postings mit Fachwissen im Feed kann der Content geteilt werden. Gerade Instagram bietet für Start-Ups grenzenlose Möglichkeiten und entpuppt sich daher als wichtigstes Tool zur Erreichung von zielgruppenspezifischer Kundschaft. Allerdings sollte der Einstieg in die Social Media Präsenz auf Instagram wohl überlegt und mit Experten in diesem Bereich abgestimmt werden. Um den Einstieg vor allem für Start-Ups greifbarer zu machen, sollen nun Voraussetzungen für den Einstieg in die Instagram Präsenz für Unternehmen genauer betrachtet werden. Anschließend werden diese Erkenntnisse mit Tipps zur konkreten Gestaltung des Marketing-Konzepts sowie in Form eines Schritt-für-Schritt-Plans untermauert.

Der Social-Media-Einstieg von Start-Ups sollte unbedingt auf die Firmenphilosophie abgestimmt werden. Nicht immer passen die in Social Media existierenden Dynamiken zu den Werten des eigenen Unternehmens. Zudem sollte das Social Media-Team mit kritischen Bewertungen und negativen Äußerungen konstruktiv arbeiten und diese bestmöglich für das Unternehmen verwerten können. Auch ist der Faktor der Schnelllebigkeit in den sozialen Medien ein wesentliches Charakteristikum, welches unbedingt bei der Bearbeitung von Kundenanfragen berücksichtigt werden sollte. Da Social Media von seiner Dynamik lebt, sollte die Unmittelbarkeit bei der Kommunikation mit Kunden oberste Priorität haben. Auch sollte auf eine humorvolle und für den Kunden ansprechende Art und Weise kommuniziert und dabei der Markenkern stets getroffen werden. Der Firmeneinstieg in Social Media kann ein radikales Umdenken erfordern. Daher müssen oftmals neue Strukturen geschaffen und Marketing in Anpassung an die bereits erwähnten Eigenschaften und signifikanten Besonderheiten von Social Media getroffen werden.

Ob ein junges Unternehmen bereit und weit genug ausgebaut für einen Einstieg in die Social Media Welt von Instagram ist, soll anhand der Beantwortung der folgenden Punkten ersichtlich werden.

Abbildung 7: Voraussetzungen für Social Media

Social Media Marketing via Instagram zu betreiben bedeutet nicht nur konstruktiv mit Kritik umgehen zu können, sondern auch die Übergabe der Kontrolle von der Unternehmenskommunikation an spezialisierte Mitarbeiter. Zudem sollte das Unternehmen auch genügend Selbstvertrauen besitzen, um nicht nur auf Kritik sondern auch auf Hate-Kommentare oder andere negative Äußerungen eingehen zu können. Des Weiteren sollte eine allgemeine dialogorientierte Unternehmenskommunikation vorherrschen. Diese macht es weitaus leichter mit potenziellen Kunden über Instagram in Kontakt zu treten. Des Weiteren sollte im Unternehmen eine ehrliche Feedbackkultur etabliert und ausgelebt werden. Diese sollte auch auf die Führungs- wie auch Mitarbeiterebene ausgeweitet werden. So können auf Social Media auftretende Probleme bestmöglich gelöst werden. Außerdem besteht somit eine weitaus höhere Resistenz gegenüber Stresssituationen sowie die Auslegung einer unvoreingenommenen und ehrlichen Dialogkultur innerhalb des Unternehmens. Eine ebenfalls wichtige Voraussetzungen für Social Media ist die Bereitstellung von personellen, zeitlichen und finanziellen Ressourcen von Seiten des Unternehmens für das Social Media Marketing. Damit einher geht die Verfügbarkeit der für Instagram nötigen Soft- und Hardwares sowie eine schnelle Internetleitung in den Büros und ein freier Zugang zu den benötigten Social Media Websites. Da Hass-Kommentare auf Social Media immer weiter zunehmen, sollten die für die Instagram Präsenz eingesetzten Mitarbeiter über Social Media Kompetenz und die notwendige soziale Kompetenz für eine mögliche Krisenkommunikation verfügen. Ebenso sollte die Datenschutz-Grundverordnung (DSGVO) korrekt umgesetzt werden sowie eine Datenschutzbeauftragte innerhalb des Unternehmens ansprechbar sein, um diesbezüglich zu beraten. Ganz allgemein sollte das Unternehmen auch in allen Bereichen bereit für Veränderungen und mögliche Krisen sein. Allgemein schafft jedoch eine authentische, offene sowie dialogorientierte Kommunikation auf der Unternehmensseite in den sozialen Medien die nötige Vertrauensbasis auf der Seite des Kunden. Durch die regelmäßige Kommunikation, Berücksichtigung von Fragen und stetiger Pflege des Accounts steht einem erfolgreichen Start in die Social Media Welt Instagram jedoch nichts mehr im Wege.

Zudem funktioniert Marketing auf Instagram nur, wenn eine Strategie definiert und diesbezüglich zielorientiert umgesetzt wird. Die Zielgruppe des Start-Ups sollte im Social Web aufgespürt, diesbezüglich ein Vorgehen entwickelt und darauf bezogene Social Media Maßnahmen in Gang gesetzt werden. Es handelt sich daher um einen groben Fehler einen Instagram-Account für ein Unternehmen anzulegen nur um dort präsent und vorhanden zu sein. Erst über die Kommunikation mit dem Kunden entfaltet Social Media seinen intendierten Nutzen. Daher sollte eine Strategie bezüglich der Gewinnung der intendierten Zielgruppe entwickelt werden. Auch benötigt es eine gewisse Zeit sich in verknüpfte Tools und die richtige Strategie einzuarbeiten. Der tatsächliche Nutzen der Social Media Präsenz erschließt sich erst nach einer gewissen Anwendungsdauer sowie das Ausbauen des Kundennetzwerks. Jedoch lohnt sich die Mühe gewiss, denn Social Media und vor allem Instagram bietet für den Kunden die Möglichkeit, spannende Geschichten über die Marke oder den Arbeitsalltag im Unternehmen zu erzählen. Mit der Generierung von ansprechendem Material wird die Interaktion mit der Zielgruppe erhöht. Dies geht aber nur mit einer sinnvollen Strategie, die nach und nach an auftretende Trends, Veränderungen und Erkenntnisse von einem mit Social Media vertrautem Team angepasst werden.

Da regelmäßige Kommunikation der wichtigste Bestandteil von Social Media ist, sollte es immer das oberste Ziel sein, möglichst viel Kundschaft mit den auf Social Media geschalteten Anzeigen zu erreichen. Um dies auch auf Instagram erfolgversprechend umzusetzen, sollten klare Ziele gesetzt, Zielgruppen analysiert, Zielgruppen-Insights herausgefunden, eine dazu passende Content-Story entwickelt, Inhalte angeleitet, Mediabudgets eingeplant, resultierende Ergebnisse gemessen und rückblickend Schlussfolgerungen für zukünftige Kampagnen gezogen werden. Jedoch weist Social Media Marketing auf Instagram und auch auf allen weiteren sozialen Netzwerken einen wesentlichen Unterschied zum klassischen Marketing auf. Social Media besticht durch seine Eigendynamik und das daraus folgende Marketing in Echtzeit. Daher muss meistens sofort auf aktuelle News, Trends und Kommentare reagiert werden. Zudem weist Social Media permanente Schwankungen durch Veränderung und Umstrukturierung der vorhandenen Netzwerke auf. Diese können oftmals nicht vorhergesehen werden. Daher ist es unabdingbar sich über klare strategische Zielsetzungen im Klaren zu sein. Im Folgenden soll nun eine 7-Schritte-Anleitung für die Planung einer Social Media Strategie auf Instagram präsentiert werden.

Abbildung 8: 7-Schritte-Taktik

Schritt 1: Visionen formulieren!

Social Media hilft beim Erreichen vielfältigster Ziele und beeindruckt vor allem durch Facettenreichtum. Dennoch sollte das Ziel nicht aus den Augen verloren werden. So hilft eine erfolgreiche Social Media Präsenz beim Steigern des Bekanntheitsgrades, der Aufbesserung des Images oder beim Gewinn von Zuspruch oder Empfehlungen von Markenfürsprechern. Doch gerade aufgrund der vielfältigen Möglichkeiten von Social Media sollten klare Visionen definiert und geradlinig fokussiert werden. Allgemeine Zielsetzungen wie die Steigerung des Absatzes sind hier nicht gemeint. Dies hat mehr mit Media Spending und klassischer Online Werbung jedoch weniger mit einer Social Media Strategie zu tun. Es muss erstmal Awareness auf Instagram, Facebook & Co. geschaffen werden, bevor verkauft werden kann.

Da sich Social Media durch den stetigen Datenfluss sowie hektische wie auch laute Äußerungen, die viral gehen, definiert, schaffen es nur wenige gute Inhalte möglichst häufig ausgespielt und von den Kunden gesehen zu werden. Daher ist hier eine durchdachte Strategie unumgänglich. Es sollte eine laute aber dennoch schlaue Strategie entwickelt werden. Dazu sollte klar definiert werden, für was und wen das Unternehmen steht. Durch eine klare Handschrift, wiedererkennbare Inhalte sowie eine klare Stringenz bei der Umsetzung dieser Punkte gelingt es die klar definierten Visionen bestmöglich zu verfolgen. Auch bieten diese Visionen die ideale Grundlage für spätere Content-Strategien, woraus für den Kunden interessante Geschichten entwickelt werden können. Von der entwickelten Version ausgehend können dann nach und nach Inhalte kreiert werden, welche dem Kunden Schritt für Schritt die Ziele des Unternehmens vermitteln sowie die Kundschaft mit einbinden.

In Anlehnung an die im Marketing sehr geläufige AIDA Formel tritt der Kunde zunächst mit den geposteten Inhalten in Kontakt (Bekanntheit), will daraufhin mehr über diese Inhalte erfahren (Emotionalisierung) und wird schließlich zum Fan der Marke. Dies geschieht, indem der Kunde die zuvor gesichteten Inhalte teilt, das beworbene Produkt kauft und somit zum Markenbotschafter wird (Partizipation). Erst wenn ein Erfolg innerhalb dieser drei Schritte festgestellt wird, kann von Sales gesprochen werden.

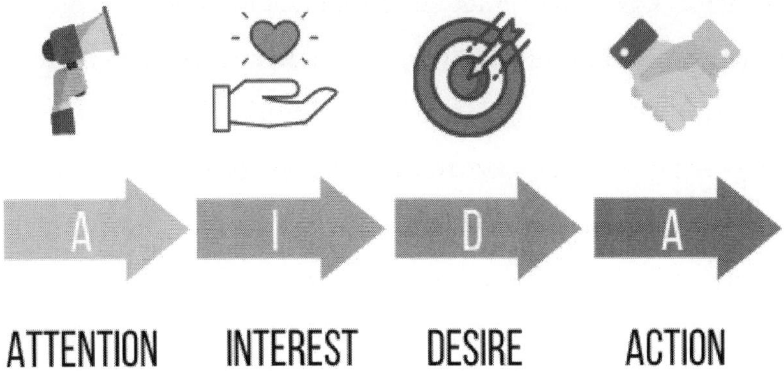

Abbildung 9: AIDA Formel

Durch die Bekanntheit lernen die potenziellen Kunden das Unternehmen kennen, sichten die Inhalte und prüfen, ob sie sich mit den Markenwerten sowie den Produkten identifizieren können. Dies kann auch als ein erstes in Kontakt treten mit Marke und deren Social Media Präsenz beschrieben werden. Nach dieser ersten eher vagen Sichtung sollte die Phase der Emotionalisierung eintreten. Der Kunde begeistert sich allmählich für die auf der Unternehmensseite geteilten Inhalte und kann sich mit den Produkten sowie den Markenwerten identifizieren. Hier verlagert sich das Verhältnis auf eine emotionale Ebene. Dies kann sich durch den Kaufwunsch der Kunden, der Faszination anhand von Markenwerten oder anhand von der Wiedererkennung der eigenen Vorstellungen des Kunden erfolgen. Dass die geteilten Inhalte aber wirklich Anklang finden und diese erste Begeisterung auch als langanhaltend definiert werden kann, wird erst durch den Schritt der Partizipation des Kunden deutlich. Durch das Teilen von Beiträgen, Likes oder Kommentare

tritt der potenzielle Kunde in das soziale Netzwerk des Unternehmens ein und wirkt in diesem mit. In Zukunft werden wohl die Kommentare immer mehr in den Fokus rücken. In einigen Ländern wird die Like Funktion bereits teilweise abgeschaltet. Hier zeigt sich in einer Studie von Hubspot, dass Fotobeiträge am häufigsten kommentiert werden.
Durch die regelmäßige Interaktion und Reaktion auf die geteilten Inhalte wirkt der Kunde beim Ausbau des Netzwerkes mit. Allerdings kann erst nach der erfolgreichen Bewältigung dieser drei Phasen von den eigentlichen Sales gesprochen werden. Dies geschieht, wenn über den durch Social Media ausgespielten Content das eigentliche Produkt oder die Dienstleistung durch den Kunden, welcher sich in das soziale Netzwerk integriert hat, gekauft wird. All diese Schritte werden durch die auf Social Media ergriffenen Maßnahmen eingeleitet und vorangebracht. Die Bewältigung dieser Phasen dient dann der Verfolgung der zuvor festgelegten strategischen Ziele. Diese setzen sich nach erfolgreicher Umsetzung der intendierten Vision zusammen.

Die Frage nach dem Warum ist bei der Formulierung einer Marketing-Vision für Social Media von großer Wichtigkeit. Visionen oder packende Claims sind nicht in kurzer Zeit formuliert und benötigen Expertise, Zeit und Geduld. Die Essenz des Unternehmens sollte dabei ansprechend auf den Punkt gebracht werden, aber dennoch nicht in leere Worthülsen und Versprechungen umgewandelt werden. Es ist also stets ratsam von

Standardformulierungen wie „Wir sind stets an Ihrer Seite“ oder „Ihre Zufriedenheit ist unser Ziel“ Abstand zu halten. Vielmehr sollte definiert werden, was das Unternehmen für den Instagram User sein möchte und was es diesbezüglich repräsentieren soll. Welcher Mehrwert soll dem Kunden geboten werden? Wie kann dieser Mehrwert erreicht werden? Welches Gefühl soll dem Kunden vermittelt werden?

Da die Beantwortung dieser Fragen oftmals gar nicht so einfach ist, nennen die meisten Unternehmen an dieser Stelle ihre einzigartigen Produkte. Jedoch sind Produkte meistens durch etwas neueres, besseres oder weiter entwickeltes austauschbar. Eine klar definierte Vision ist im Gegensatz dazu beständig und kann dem Unternehmen zu Wiedererkennung verhelfen und als Inspiration für den Kunden dienen.

Schritt 2: Zielgruppe definieren!

Um bestmöglichen und vor allem erfolgversprechenden Content für Social Media zu generieren, solle die intendierte Zielgruppe klar definiert und hinsichtlich ihrer Interessen befragt werden. Handelt es sich um Jugendliche, Rentner, Berufstätige oder Kinder? Welche sozialen Medien nutzt die Zielgruppe und wie gestalten sich die dort bestehenden Netzwerke? Sinnvoll ist es in diesem Zusammenhang auch die bereits bestehende Zielgruppe zu analysieren und daraus Handlungsempfehlungen für Social Media zu entwickeln.

Bei der Definition der Zielgruppe ist die Auswertung der Customer Journey ein grundlegender Bestandteil. Man muss die Social Media Werbung an der Customer Journey anpassen. Die Customer Journey bezeichnet den Weg, den der Kunde nimmt, von dem ersten Interesse über den Produktvergleich bis hin zum Kauf. Welche Kommunikationskanäle bzw. welche Social Media Plattform als Werbung geeignet ist, wird also durch den Kunden und nicht durch das Unternehmen definiert!

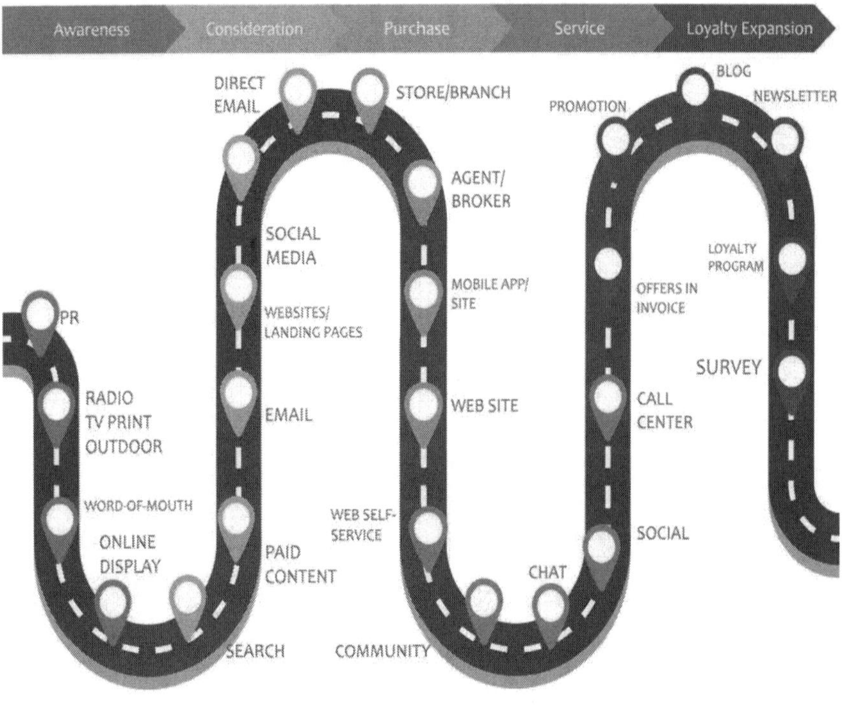

Abbildung 10:Customer Journey

Diese Reise von Kaufinteresse bis hin zum Kaufabschluss ist heutzutage viel komplexer und verläuft schon lange nicht mehr linear. Zudem werden Kaufentscheidungen im Zusammenhang mit

Social Media immer mehr durch Influencer, Meinungen anderer Kunden oder Bewertungsportalen beeinflusst. Dadurch wird die Untersuchung der Customer Journey weitaus schwieriger und bedarf einer genauen Analyse. Oftmals wird auch herausgefunden, dass es nicht den einen Kunden gibt, welcher mittels einer Handvoll Attribute charakterisiert werden kann. Es gibt meistens mehrere Kundentypen. Diese springen unterschiedlich auf Content an und entscheiden sich maßgeblich im Kaufentscheidungsprozess. Bei der Analyse dieser Punkt bieten Buyer Personas eine enorme Hilfestellung. Eine Buyer Persona beleuchtet das Verhalten eines Kunden in jeder Phase der Customer Journey und achtet dabei auch auf Kaufinteresse, Träger sowie Kaufhemmnisse und Entscheidungen beim Kaufabschluss.

Mehr kostenlose Informationen zur Customer Journey:

https://www.scientific-economics.com/customer-journey-im-online-marketing/

Persona-Steckbrief verfassen

Bei der Eingrenzung der Zielgruppe sollte in jedem Fall ein Persona-Steckbrief verfasst werden. Befragungen bieten hier den erfolgversprechendsten Ansatz. Es sollten Kunden jedes Alters, ehemalige Kunden und Kunden, die mit der Zeit verloren gegangen sind, befragt werden. Zudem ist der Austausch der Abteilungen untereinander sehr wichtig. Die enge Zusammenarbeit mit dem Kundenservice und anderen Stellen, die nah an der Kundschaft arbeitet, bietet hier erste Anknüpfungspunkte. Sogenannte Tiefeninterviews lassen die Kundschaft am besten eingrenzen und können vielversprechende Hilfestellungen sein, um Zielgruppen-Insights heraus zu finden. Beim Tiefeninterview können folgende Fragen hilfreich sein:

- Man sollte soziodemografische Daten wie Alter und Geschlecht erfragen.
- Man sollte die Einkommensstruktur der Kunden beleuchten.
- Man sollte allgemeine Interessen der Kundschaft herausfinden und fragen: Was weckt Interesse? Wovon ist der Kunde Fan? Spielt eine konservative oder aufgeschlossene Lebenseinstellung eine Rolle? Wie gestalten sich Lebensziele und -wünsche?
- Man sollte nach motivierenden Faktoren fragen. Welche Serviceleistungen beeindrucken den Kunden? Welche Werbeanzeigen oder Arten der Kommunikation wirken auf ihn motivierend?
- Wie nutzt der Kunde Social Media? Wie und mit welchen Intentionen werden welche Social Media Plattformen genutzt? Was empfindet der Kunde besonders spannend an Social Media und

welchen Mehrwert bietet ihm die Nutzung der jeweiligen Plattform? Wie inszeniert sich der Kunde selbst im Netzwerk und worauf achtet dieser dabei besonders? Lassen sich hier Wunschvorstellungen erkennen?

- Man sollte auch die bereits zuvor erwähnte Customer Journey des jeweiligen Kunden bezüglich folgender Fragen genauer betrachten: Welche Rolle spielt Social Media in den jeweiligen Phasen des Kaufes für den Kunden und wie nutzt der Kunde die sozialen Netzwerke in diesen Phasen? Was erregt dabei die Aufmerksamkeit des Kunden und welchen Werbeformaten folgt er dabei am liebsten? Gibt es generelle Auffälligkeiten, die zu beobachten sind, bevor der Kunde einen Kauf abschließt?

- Letztlich sollten die Wünsche des Kunden sorgfältig ausgearbeitet werden. Was wünscht sich der Kunde für sein Einkaufserlebnis via Social Media oder beim Aufruf des Unternehmensprofils und wie lässt sich dieses Wunschdenken mit der damit verbundenen Generation vereinbaren?

- Allgemein helfen Persona-Steckbriefe den Unternehmen aussagekräftige Bilder von Kundentypen zu entwerfen und bieten damit die Möglichkeit bestmöglich auf die Wünsche der Kunden einzugehen. Zudem kann nachfolgend treffend skizziert werden, was der Kunde braucht, um ein bestimmtes Produkt zu kaufen.

Personas vereinfachen dabei die Zielgruppenanalyse und fungieren dabei in Anlehnung an jeden Kundentypen wie eine kurze

Geschichte, die es den Angestellten im Unternehmen ermöglicht, den Kunden zu visualisieren. Zudem können sich Menschen Geschichten allgemein besser merken als eine Vielzahl von Zahlen, die Aussagen über das Nutzungsverhalten der Kunden geben. So wird es weitaus einfacher treffende Social Media Inhalte zu konzipieren und auf die jeweilige Zielgruppe anzupassen.

Nach Durchführung der Tiefeninterviews sollten die erstellten Personas dann geclustert werden. Da Personas keine homogene Masse sondern vielmehr stellvertretend für je ein Kundensegment stehen, unterscheiden Unternehmen durchschnittlich zwischen fünf bis sieben Personas. Als beispielhaft können folgende Kategorien angesehen werden:

- Happy Casuals
- Preppy Strivers
- Fresh Families
- Cultured Elites
- Modern Mainstreams
- Street Snobs
- Hip Poppers

Dabei kann jedes Segment zudem in männlich und weiblich untergliedert werden.

Schritt 3: Ist-Zustand sollte analysiert werden!

Um ein erfolgreiches Marketing auf Social Media etablieren zu können, sollte genauestens der momentane Zustand analysiert werden. Dies geschieht in Form von sogenannten Social Media Audits. Dabei handelt es sich um genaue Analysen des eigenen Unternehmens auf Social Media. Diese Form der Untersuchung wird dabei in externes und internes Audit untergliedert. Im Kontext des externen Audits werden Social Media Aktivitäten der Konkurrenz untersucht sowie Meinungen der Kunden und Stakeholder angesehen und das Stimmungsbild der eigenen Marke in Social Media ausgewertet. Dabei sollten vor allem die Themen, welche in Verbindung mit der eigenen Marke erscheinen, untersucht werden sowie die eigenen bisherigen Social Media Präsenzen genauestens unter die Lupe genommen werden. Falls noch gar keine Aktivität des eigenen Unternehmens auszumachen ist, kann mithilfe des Tools Namechk überprüft werden, welche Social Media Kanäle mit dem eigenen Firmennamen noch belegbar sind. Zudem steht die Zielgruppe des Unternehmens hier an erster Stelle. Der Startpunkt des externen Audits lokalisiert sich immer so nah wie möglich an den Wünschen und Vorstellungen des Kunden. Im weiteren Verlauf werden dann in Anlehnung an diese ersten Ausführungen weiterführende Gegebenheiten genauer analysiert, Konkurrenzverhalten gesichtet sowie die beabsichtigten Themen und die mitschwingende Tonalität ausführlich betrachtet. Im Gegensatz dazu werden mithilfe des internen Audits die internen Voraussetzungen für eine erfolgreiche Social Media Präsenz untersucht. Dabei sollte sich folgende Frage gestellt werden: Welche Voraussetzungen hat mein Unternehmen und wie kann ich diese für ein gewinnversprechendes Marketing Konzept nutzen? Zudem ist es besonders wichtig, die eigenen Mitarbeiter bezüglich ihrer Erfahrungen im Bezug auf Social Media zu befragen. Wo wird akuter Handlungsbedarf gesehen und wo eher nicht? Es werden wichtige Schnittstellen ausgemacht sowie Prozesse innerhalb des Unternehmens in Anlehnung an Social Media überarbeitet und ausgeweitet. Wie können eventuell bevorstehende Krisen abgewendet werden und wie kann das Unternehmen sich bestmöglich auf das Krisenmanagement vorbereiten?

Genaueres zum externen Social Media Audit:

Hinsichtlich der Analyse von Kunden und Stakeholder sollte untersucht werden, wo und wie diese über das eigene Unternehmen sprechen. In diesem Zusammenhang kann die Suchfunktion von Google und Social Media Aufschluss geben. Durch das Suchen relevanter Begriffe, dem Namen des Unternehmens oder den eigenen Produkten können mit diesen Themen im Netz in Zusammenhang gebrachte Kontexte auf schnellstem Wege zusammengefasst werden. Die Suche sollte dann durch die Ergänzung von passenden Hashtags oder weiteren Schlagwörtern ergänzt werden. Dieses Vorgehen gibt letztendlich Aufschluss darüber, was die Zielgruppe oder Konkurrenzunternehmen posten. Zudem sollte beobachtet werden, welche Nutzer besonders häufig über das Unternehmen und in welchem Zusammenhang Meinungsführer wie beispielsweise

Influencer oder Blogger über das Produkt sprechen und welche dieser Beiträge besonders häufig geteilt oder geliked werden. Zudem sind Stimmungsbild und Tonalität, mit denen über das Unternehmen berichtet wird, ein wichtiger Indikator für die strategische Zielsetzung des eigenen Social Media Marketings. Wird das Unternehmen kritisiert oder ist es vielleicht noch gar nicht bekannt? Unbekannte Unternehmen sollten Awareness schaffen, während in der Kritik stehende Unternehmen sich auf die Verbesserung ihres Images auf Social Media konzentrieren sollten. Des Weiteren ist die Tonalität ein entscheidendes Werbemittel, welche in jedem Unternehmen daher klar definiert werden sollte.

Auch sollte die derzeitige Situation des Wettbewerbs gründlich analysiert werden. Dabei handelt es sich keinesfalls um einen Prozess, der einem unangenehm sein sollte. Es ist vielmehr extremst aufschlussreich einen Blick auf die Performance der Konkurrenz zu wagen. Daher sollten vergleichbare Firmen angesehen und deren Arbeit beurteilt werden. Was kommt hier gut an und und welche Ausarbeitungen können auf die eigene Social Media Strategie übertragen werden? Zudem lohnt sich auch ein Blick auf ähnliche Branchen. Es sollte Social Media Aktivitäten in allen für das eigene Unternehmen interessanten Bereichen genauestens beobachtet und auf die eigene Strategieplanung angewendet werden. Dabei ist es enorm wichtig Positivbeispiele herauszustellen und zu definieren, warum hier ein Erfolg auszumachen ist.

Wie können diese Maßnahmen auf die eigene Planung übertragen werden? Bei der Beobachtung des Wettbewerbs ist es enorm wichtig, immer auf dem laufenden zu bleiben und alle aktuellen Trends und Bewegungen mitzubekommen. Daher ist es empfehlenswert sich mithilfe von Schlagwörtern, Fachbegriffen der Branchen oder Unternehmensnamen Alerts zu erstellen, welche über die Publikation neuer Inhalte zu diesen Themen informiert. Dies ist beispielsweise mit den Google Alerts möglich. Zusätzlich sollten möglichst viele der Angestellten in diesen Prozess mit eingebunden werden. Viele der Mitarbeiter könnten bereits über eine gewisse User Experience verfügen und erste Erfahrungen hinsichtlich bestimmter Bereiche gesammelt haben. Dadurch können ebenso Fehler im Vorfeld vermieden sowie das Verhältnis zu den Mitarbeitern intensiviert werden. Durch die Einbindung in diesen Prozess fühlen sich Mitarbeiter gebraucht und wertgeschätzt. Allerdings sollte kein Mitarbeiter zu Social Media Aktivitäten gezwungen werden. Dies sollte auf einer freiwilligen Basis geschehen.

Einige kostenlose sowie auch kostenpflichtige Tools können die Analyse des externen Audits erleichtern. Nützliche kostenfreie Tools sind beispielsweise eine klassische Suchanfrage via Google, Schlagwort- und Hashtagsuche bei Twitter, die Facebook Insights der bereits bestehenden Social Media Kanäle sowie die Suchanfrage über Instagram. Bei der Investition in ein kostenpflichtiges Tool sollte auf folgende Merkmale geachtet werden: Sprachen- und Quellenabdeckung, Länderintegration, Influencer-Analyse, Prozess bei Krisen, Kosten sowie Serviceleistungen vom Anbieter.

Weiteres zum internen Social Media Audit:

Das interne Audit dient im Allgemeinen dazu, dass geprüft wird, wie bereit Unternehmen und Mitarbeiter für Social Media sind, welche Schnittstellen zu anderen Abteilungen auszumachen sind und welche möglichen Schwierigkeiten es bei diesem Prozess geben könnte. Zunächst sollten die Aktivitäten der Mitarbeiter geprüft und nachfolgend herausgefunden werden, welche Abteilungen oder einzelnen Mitarbeiter bereits mit Kunden via Social Media in Kontakt treten. Als nächster Schritt ist in diesem Kontext die Vergegenwärtigung der Vorstellungen hinsichtlich Social Media zu nennen. Was erwarten Geschäftsführung und Mitarbeiter von Social Media und welche Ziele sollen mit der Präsenz auf Twitter, Instagram und Co. verfolgt werden? Auch sollten in diesem Bereich mögliche Schwierigkeiten oder Probleme aufgedeckt werden. Durch die Schnelligkeit von Social Media ist es äußerst schwierig sich erst während einer akuten Krise über diese Thematik Gedanken zu machen. Nach Abstimmung der Vorstellungen und Erwartungen sollten bereits vorhandene Prozesse sowie Schnittstellen zu Social Media benannt werden. Agiert der Kundenservice bereits über Social Media und welche anderen Abteilungen wirken hier mit? Müssen für eine erfolgreiche Social Media Präsenz bereits bestehende Bereiche neu vernetzt werden und welche sonstigen Vorkehrungen müssen auf unternehmensinterner Basis getroffen werden, um Social Media reibungslos umzusetzen? Letztlich ist es wichtig die internen Voraussetzungen noch einmal gründlich unter die Lupe zu nehmen. Es sollten interne sowie technische Gegebenheiten geprüft und geklärt werden, ob Social Media am Arbeitsplatz erlaubt ist. Zudem sollten zuständige Ansprechpartner für technische und administrative Fragen herausgefiltert und ausreichende informiert werden.

Nach Beendigung des internen sowie externen Audits kann aus den gewonnenen Kenntnissen eine SWOT-Analyse angefertigt werden. Hierbei handelt es sich um eine Analyse von Stärken(Strengths), Schwächen (Weaknesses), Chancen (Opportunities) und Risiken (Threats).

Abbildung 11: SWOT-Analyse

Ziel ist es dabei, diese vier Bereiche gegenüber zu stellen sowie deren positive den eher negativ belasteten gegenüber zu stellen. Die Stärken beschreiben Bereiche, welche bereits sehr gut funktionieren und so weitergeführt werden sollten. Zudem können hier auch positives Kundenfeedback und Inhalte, welche bei der Community gut ankommen, vermerkt werden. Im Gegensatz dazu sollten die

Schwächen noch zu verbessernde Bereiche bezeichnen. Hier kann auch ein Blick auf die Konkurrenz und deren Vorgehensweisen hilfreich sein. Als Chancen sind Bereiche anzusehen, welche noch nicht vollständig ausgeschöpft wurden und ein hohes Potenzial für das Unternehmen versprechen. Die noch zu verbessernden und für eine erfolgreiche Social Media Präsenz dringend auszubauende Bereiche des Unternehmens sind letztlich als Risiken zu werten.

Schritt 4: Kanäle definieren und KPI festlegen

Nachdem nun die Zielgruppen analysiert und deren Wünsche herausgestellt wurden, sollten in diesem Schritt die für das Unternehmen relevanten Social Media Kanäle und entsprechende Ziele formuliert werden. Durch die vorangegangene Zielgruppenanalyse ist es nun möglich zu sagen, auf welchen Plattformen Kunden der eigenen Zielgruppe unterwegs sind und wie sie innerhalb dieses sozialen Netzwerks kommunizieren. Daher sollten sich Ziele gesetzt werden, welche den Kommunikations-, Interaktions- und Partizipationsbedürfnissen der zu erreichenden Zielgruppe entsprechen.

Bei der Festlegung der für das Unternehmen relevanten sozialen Netzwerke sollte sich an die Zielgruppe des Unternehmens angelehnt werden. Zudem sollten neue Trends, soziale Plattformen oder auch Verlagerungen innerhalb der Zielgruppe stets beobachtet und in die eigenen Planungen integriert werden. Hat meine Zielgruppe vor einem Jahr noch ein anderes soziales Netzwerk genutzt oder besteht hier seit fünf oder sogar mehr Jahren keine Veränderung? Hier sollte auch ein Blick in die Zukunft gewagt werden und eventuelle Tendenzen formuliert werden. Welche sozialen Medien nutzen jüngere Generationen und könnte dieser Trend sich bald auch auf meine ältere Zielgruppe übertragen lassen. Hier sollten Entwicklungen stets wachsam und hinsichtlich des eigenen Unternehmens beobachtet und analysiert werden. Das sogenannte Social Media Prisma ist online einsehbar und gibt einen strukturierten Überblick über die Bandbreite aller verfügbaren sozialen Netzwerke. Bei Unsicherheit besteht hier eine optimale Unterstützung zur Orientierung.

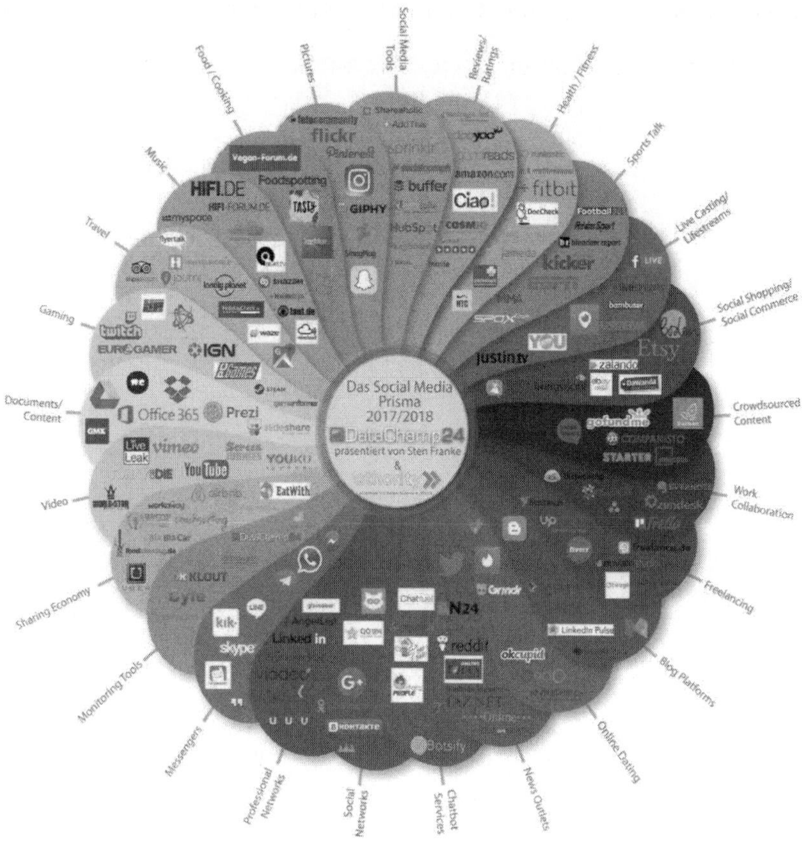

Abbildung 12: Social Media Prima, Quelle: https://ethority.de/social-media-prisma/

Wenn nun klare Social Media Ziele definiert werden sollen, dann sollte dies anhand von messbaren Zahlen geschehen. So kann der Erfolg möglichst genau dokumentiert werden. Dies kann in Anlehnung an Zielsetzungen aus dem klassischen Marketing geschehen. So kann beispielsweise die Intention bestehen, mittels eines Werbespots die Firmenbekanntheit um 25 Prozent zu steigern. Daher sollte sich an dieser Art von Zielsetzungen orientiert werden.

Allerdings ist hier wichtig: Die festgelegten Ziele sollten zum Unternehmen und den bisher ergriffenen Social Media Maßnahmen passen. Sprich: Steht das Unternehmen noch am Anfang, dann sollte zuerst versucht werden die Reichweite zu vergrößern. Die Anzahl von Gefällt mir Angaben ist dabei eher nebensächlich und sollte nicht fokussiert werden. Um möglichst viele Social Media User auf das Unternehmen und beworbene Produkte aufmerksam zu machen, ist eine große Reichweite die wichtigste Grundlage.

Ganz allgemein können folgende Zielsetzungen für Unternehmen auf Social Media erreicht werden und sind je nach Ausgangslage als Intention sinnvoll:

Abbildung 13: Zielsetzung für Social Media

- Branding/Brand Awareness: Markenbekanntheit wird gesteigert.
- Social Engagement: Die Interaktion mit dem eigenen Unternehmen soll erhöht werden.
- Online Reputation Management: Das Unternehmensimage wird verbessert und gleichzeitig drohende Krisen präventiv verhindert.
- Social CRM: Die Kundenzufriedenheit und die Beziehung zwischen Unternehmen und Kunde soll gesteigert und verbessert werden.
- Social Service: Leistungen und Zahlen des Kundenservice sollen verbessert werden.
- Social PR: Die Beziehungen zu verschiedenen Multiplikatoren wie Journalisten, Bloggern oder Influencern sollen gepflegt oder intensiviert werden.
- Influencer Marketing: Es sollen Kooperationen zu Nutzern mit relevanter Reichweite (gemeint sind Macro- und Microinfluencer) innerhalb der sozialen Medien aufgebaut werden.
- Advocacy Marketing: Es sollen Kunden für Empfehlungen oder positive Produktrezensionen gewonnen werden.
- Innovation: Ziel der Marktforschung wird ausgebaut.
- Employer Branding: Es sollen neue Mitarbeiter angeworben und somit das Team hinter dem Unternehmen gestärkt werden.

- Crowdsourcing: In Zusammenarbeit mit der Community werden Produktideen entwickelt.
- Crowdfunding: Mithilfe der Community sollen zukünftige Ideen finanziert werden.
- Sales: Der Absatz soll gesteigert und zudem neue Kunden gewonnen werden.

Allerdings ist hier zu beachten, dass diese genannten Ziele nicht alle auf einmal erreicht werden können. Hier ist es wichtig die Ausgangssituation zu bedenken und einzubeziehen, ob schon Reichweite vorhanden ist oder das Unternehmen hinsichtlich seiner Social Media Präsenz noch ganz am Anfang steht.

Um die Social Media Ziele für das eigene Unternehmen besonders zielgerichtet festlegen zu können, bietet die SMART-Formel Hilfestellung.

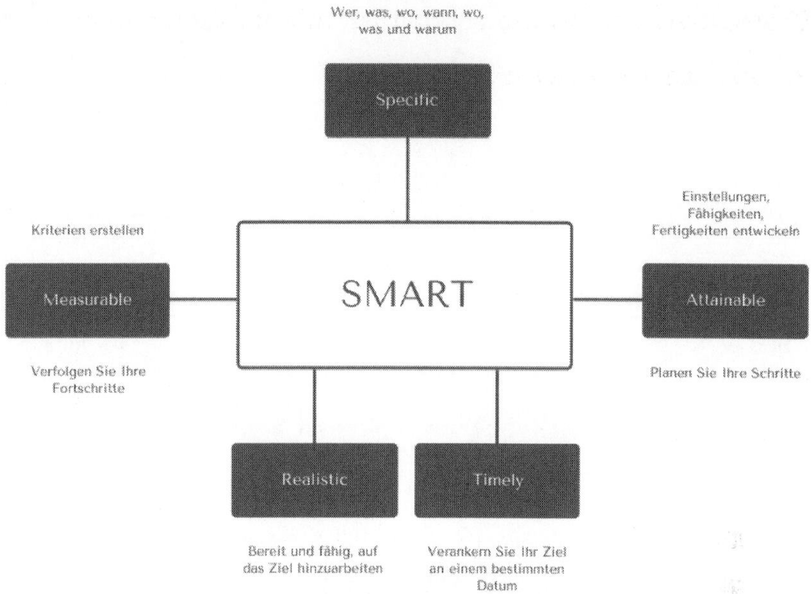

Abbildung 14: SMART Ziele

Dabei sollten die formulierten Zielsetzungen die Merkmale „specific, measurable, attainable, relevant und time-bound" aufweisen. Daher wird also nach folgenden Eigenschaften verlangt:

- spezifisch (Die formulierten Ziele sollten nicht zu allgemein sein und klar fokussieren, welche Bereiche verbessert werden sollen. Eine zu weitläufige Auslegung kann zu Verwirrung oder fehlender Fokussierung wesentlicher Aspekte sein. Zudem sollten die Ziele auch klar und konsequent umgesetzt werden. Ein Nicht-Einhalten kann bei Community und Mitarbeitern zu Verwirrung führen.)

- messbar (Die Zielsetzungen sollten anhand von ersichtlichen Zahlen gemessen werden können. Andernfalls können Erfolge nicht überprüft und die eigene Social Media Strategie hinsichtlich

Misserfolgen verbessert werden. Besonders durch die Dynamik innerhalb der sozialen Medien muss der Erfolg des Unternehmens konsequent überprüft und an neue Tendenzen angepasst werden.)

- erreichbar (Es sollten nicht zu hohe Zielsetzungen festgelegt werden, da diese sonst unspezifisch werden und im Vorhinein zum Scheitern verurteilt sind. Daher ist es besonders während der Anfänge von Social Media wichtig, dass kleine und in jedem Fall umsetzbare Ziele definiert sind. Hier ist nicht gemeint, dass Ziele in jedem Fall gelingen und erreicht werden müssen. Vielmehr sollten sie hinsichtlich der Erfahrung und Größe des Unternehmens umsetzbar sein.)

- relevant (Es soll eine ältere Zielgruppe erreicht werden und es wird in Influencer Marketing investiert? Es sollte stets überprüft werden, dass alle ergriffenen Maßnahmen ein kohärentes Ganzes ergeben und für die Zielgruppe, die Markenwerte des Unternehmens sowie für die Social Media Strategie relevant und erfolgsfördernd sind.)

- terminierbar (Um den Erfolg der festgelegten Ziele bestmöglich messen zu können, sollten Deadlines festgelegt werden. So werden zeitliche Handlungsräume geschaffen, die es ermöglichen, den Erfolg der Social Media Präsenz zu messen und diesen hinsichtlich anderer Zeiträume zu vergleichen.)

Daher sollte das Social Media Ziel so klar wie möglich definiert werden und sollte anhand von Zahlen genauestens messbar sein.

Dabei sollten Zielsetzungen den existenten Rahmenbedingungen entsprechen sowie keinesfalls zu Überforderung führen. Zudem sollten Ziel so gewählt werden, dass die Umsetzung via Social Media Sinn macht und die potenzielle Kundschaft für ausgewählte Plattformen zu begeistern ist. Ein festgelegtes Enddatum bietet Orientierungsmöglichkeiten und Raum für Vergleichsmöglichkeiten.

An diesem Punkt ist es zudem wichtig zu erwähnen, dass allein die Followerzahlen eines Social Media Accounts keinesfalls Aufschluss über Erfolg oder Misserfolg geben. Die Erfolgsmessung auf Social Media gestaltet sich bis heute selbst in großen Unternehmen oftmals als ein großes Fragezeichen, da der Erfolg ausschließlich an Fan- und Followerzahlen festgemacht wird. Fanzuwachs führt dabei weder zu einer großen Reichweite noch steigert es die Markenidentität oder trägt zum Upselling der beworbenen Produkte bei. Da längst nicht alle Kunden eines Unternehmens diesem auch auf Social Media folgen, sieht immer nur ein geringer Bruchteil der Kunden die Social Media Beiträge eines Unternehmens. Das heißt: Followerzahlen geben auch hier keine Informationen über das Gelingen der Social Media Präsenz. Auch zeugen Gefällt mir Angaben nicht von Markenidentität, da sogenannte Likes sehr flüchtig und oftmals sogar wahllos sowie situationsabhängig verteilt werden. Die Steigerung der Markenidentität kann vielmehr mithilfe der Interaktionen auf dem Social Media Profil des Unternehmens festgestellt werden. Noch besser sind hier allerdings Befragungen.

Zudem bedeuten mehr Fans nicht gleichzeitig mehr Verkauf. Der Verkauf wird ausschließlich durch gezieltes Storytelling sowie klugem Retargeting möglich.

Einige ablesbare Kennzahlen, die für die Messung des Social Media Erfolgs relevant sind, sind in der folgenden Liste vermerkt:

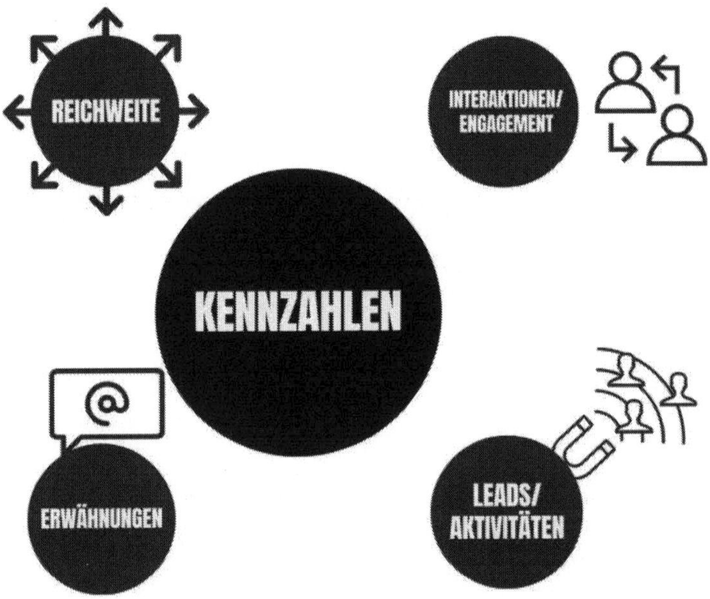

Abbildung 15: Wichtige Kennzahlen

- Reichweite: Bezeichnet die Reichweite aller der auf Social Media veröffentlichten Beiträge. Es wird deutlich wie viele Personen den Beitrag ansehen konnten. Likes haben keinen direkten Einfluss auf die Zahlen der Reichweite, können Sie aber positiv bedingen.

- Interaktionen/Engagement: Hierbei handelt es sich um die wichtigste Kennzahl, um die Performance des veröffentlichten Beitrags zu überprüfen. Diese wird anhand von Kommentaren, Shares, Likes oder ähnlichen Aktionen der Follower gemessen.

- Leads/Aktivitäten: Diese Kennzahlen bezeichnen Kontaktaufnahmen, Newsletter-Abonnements oder getätigte Online-Bestellungen und zeugen von Kaufinteresse von Seiten des Kunden.

- Erwähnungen: Werden auch als Mentions bezeichnet und beziehen sich auf die Erwähnungen des Unternehmens von anderen Social Media Usern innerhalb eines sozialen Netzwerks. Diese Kennzahl ist wichtig, um die Reputation zu messen.

- Klicks: Alle getätigten Klicks auf Kampagnen und generierten Content in Form von Bildern oder Videos und weiterem Material werden hier erfasst und sind dabei wichtig zur Ermittlung des Traffics sowie der Click-Through-Rate.

- User Generated Content: Hier handelt es sich um Rückmeldungen der Kunden in Form von Bildern, Blogbeiträgen oder Bewertungen, die in Zusammenhang mit dem Unternehmen stehen.

- Downloads: Die Kennzahl der Downloads bezieht sich auf alle getätigten Downloads von Tutorials, Videos, Podcasts, Bildern oder Apps.

Bei der Betrachtung dieser Zahlen sollte besonders die eigene Zielgruppe und deren Nutzungsverhalten oberste Priorität haben. Zudem sollte sich nicht in die Zahlen eines eher kleinen und mit wenig Mehrwert angereicherten Beitrag vertieft werden. Vor allem die Zahlen des zielführenden Content sind wichtig für das spätere Reporting und die weiterführende Strategieplanung. Diese Kennzahlen sind zudem nützlich, um sich in den Tiefen von Social Media nicht zu verlieren. Wenig erfolgreiche Beiträge sind dadurch direkt identifizierbar und können ebenfalls als Feedback für die verfolgte Social Media Strategie dienen.

Welche KPI's (Key Performance Indicators) können nun gesetzt werden, um anschließend auch aussagekräftige Zahlen zu erhalten. Hier eine Liste von nützlichen KPI's für das Social Media Measurement:

- Share of Voice = Markenerwähnungen / Gesamterwähnungen {Marke + Konkurrent A, B, C, …}

- Engagement (Audience Engagement = {Anzahl der Kommentare + Shares + Nachrichten} /Reichweite

- Diskussionsreichweite (Conversation Reach) = Summe aller Diskussionsteilnehmer / kalkulierte Diskussionsteilnehmer

- Aktive Markenfans (Active Advocates) = Anzahl der aktiven Markenfans (der letzten 30 Tage) /Summe aller Markenfans

- Markenfaneinfluss (Advocacy Impact) = Anzahl aller von Markenfans initiierten Diskussionen / Summe aller Markenfans
- Lösungsrate (Issue Resolution Rate) = Anzahl aller erfolgreich beantworteten Kundenanfragen / Anzahl aller Serviceanfragen
- Bearbeitungsdauer (Resolution Time) = Bearbeitungsdauer für eine Kundenanfrage / Summe aller Serviceanfragen
- Zufriedenheitsscore (Satisfaction Score) = Kundenfeedback {A, B, C, …n} / gesamtes Kundenfeedback
- Topic Trends = Anzahl aller spezifischen Trenderwähnungen / Anzahl aller Topic Trends
- Stimmungsbarometer (Sentiment Ratio) = {positive: neutrale: negative} Markenerwähnungen / Summe aller Markenerwähnungen

Schritt 5: Konzipieren von Inhalten

Bei Schritt Nummer Fünf handelt es sich um den wohl wichtigsten Schritt, da ansprechende Inhalte und authentischer Content erst zu den gewünschten Kennzahlen und dem Gelingen der erstellten Social Media Strategie führen. Hier ist viel Kreativität, Einfallsreichtum sowie um-die-Ecke-denken gefragt, da bestmöglich auf Zielgruppe und Unternehmen eingegangen werden muss. Zudem sollte der generierte Content neu, innovativ und spannend für potenzielle Kunden sein.

Hier ist eine gut durchdachte Content-Strategie der Schlüssel zum Erfolg. Wer auf Social Media erfolgreich sein möchte, braucht gute Storys und sollte diese zudem auch stringent durchziehen und mit seinen Postings stets versuchen dem Follower zu vermitteln. Hier bieten die bereits formulierten Visionen den idealen Anknüpfungspunkt. Dabei lässt sich nämlich eine Core Story ableiten, woraus wiederum untergeordnete Themen und Formate zur Umsetzung definiert werden können. Dabei sollte stets die übergeordnete Story im Zentrum aller veröffentlichter Inhalte stehen und jedem einzelnen Social Media Beitrag erkennbar sein. Um eine solche Core Story für das eigene Unternehmen zu schreiben, sollte sich daher in die Rolle eine Regisseurs begeben werden, der ein Drehbuch für Social Media schreibt. Hier sollte sich mit allen Erkenntnissen über Zielgruppe und Customer Journey im Hinterkopf gefragt werden, welche typische Reise der Kunde wohl durchläuft, bis er zum Unternehmen oder zum beworbenen Produkt gelangt. Wie sollte der hiermit verbundene Held aussehen und wie ist dieser gestrickt? Es sollte versucht werden, sich in das Wunschdenken des potenziellen Kunden hinein zu denken.

Was sind die Vorteile dieses Storytellings? Hier geht es nicht um das Erzählen eines Märchens, viel mehr können Geschichten die Komplexität von Produkten reduzieren und somit einen leichteren Zugang für den Kunden ermöglichen. So können komplexe Produkte verständlich für den Kunden aufbereitet werden.

Zudem ermöglichen Geschichten eine bessere Erinnerung des Kunden an das Produkt und tragen dabei positiv zum Produktverständnis bei. Zudem wird eine einzigartige Philosophie sowie ein gutes Gefühl, welches der Kunde mit dem Kauf des Produkt haben möchte, vermittelt. Geschichten wirken daher emotional, verständlich und sinnstiftend und sind somit der ideale Mittler zwischen Produkt und potenziellen Kunden. Dem hinzuzufügen ist, dass Geschichten virales Potenzial haben. Springen Kunden besonders gut auf eine Geschichte an, wird das beworbene Produkt wohl immer mit dieser in Verbindung gebracht und somit weitaus schneller verbreitet. Daher sollte eine Ausgangssituation kreiert werden, die einen Grund zur Erzählung der Geschichte bereithält. Auch geschieht dies durch die Verbindung des Produktes mit einem Helden, der sympathisch oder polarisierend ist. Konflikte schaffen in diesem Zusammenhang Spannung, welche die Aufmerksamkeit der Zuschauer aufrecht hält. Diese aufrecht zu erhaltende Aufmerksamkeit ist die wichtigste Grundlage für eine erfolgreiche Geschichte. Letztlich bedarf jede Story Viralität, die durch einen schlauen Plot sich bis zu einem Höhepunkt zuspitzt und dabei immer nur so viel verrät, dass der Follower an der Geschichte dranbleibt.

Zur Erstellung hochwertigen Contents, empfehlen wir vor allem Neustartern die Verwendung von Canva. Mit Canva lassen sich ansehnliche Grafiken und Design ganz einfach zusammenstellen.

Hier gelangst du zu Canva: partner.canva.com/socialmedia

Schritt 6: Der Erfolg wird gemessen und Maßnahmen analysiert

Da die Umsetzung jeder Social Media Strategie die Frage nach dem Erfolg mit sich bringt, sollte dieser an diesem Punkt überprüft werden. Hier sollten die definierten Ziele kontrolliert und mittels der gemessenen Kennzahlen Key Performance Indicators abgeleitet werden. Diese wurden bereits in vorherigen Schritten thematisiert.

Der geteilte Content bietet die Basis für das Gelingen der Social Media Strategie und sollte daher ebenfalls evaluiert werden.

- Hat der Content das geleistet, was er sollte?

- Welche Inhalte haben gut funktioniert und welche nicht?
- Hat der Content die gewünschte Zielgruppe erreicht?
- Wie hat die Community auf den Content reagiert?
- Hat die Community weitere Wünsche, Kritik oder Anregungen geäußert?

Als Maß für den Erfolg des Contents dienen Reichweite und Interaktionen. Was hier nicht funktioniert hat, sollte in zukünftigen Strategien nicht mehr berücksichtigt werden. Zudem kann der Content hinsichtlich der Performance, also Klicks und Nachrichten, untersucht werden.

Hier kann kein allgemeines Schema zur Evaluierung vorgestellt werden. Es sollte lieber ganz individuell versucht werden, alle Beobachtungen und Zahlen in die Vermessung der Strategie mit einzubeziehen. Da Social Media und ganz besonders Instagram ständigen Veränderungen und einer immer schneller werdenden Dynamik unterliegt, können alle ersichtlichen Veränderungen als Feedback hinsichtlich der ausgearbeiteten Strategie gelten.

Schritt 7: Die eigene Strategie überarbeiten und anpassen

Letztlich ist zu erwähnen, dass eine Social Media Strategie von Unternehmen nur verbessert werden kann, wenn diese mittels gemachter Erfahrungen und messbarer Zahlen stets überarbeitet und kritisch betrachtet wird. Alle zuvor abgearbeiteten Schritte wären sinnlos, wenn die eigene Strategie im letzten Schritt nicht genauestens unter die Lupe genommen und in Absprache mit allen involvierten Fachleuten innerhalb des Unternehmens überarbeitet wird.

Schon der Beginn einer Social Media Präsenz kann als Startschuss einer Erfolgsspirale gewertet werden, um diese immer weiter wachsen zu lassen, sollte stets aktiv und reflektiert im sozialen Medium agiert werden. Es wurden alle Ziele erreicht oder sogar übertroffen? Kein Grund zum Ausruhen! Auch hier kann die Social Media Strategie hinsichtlich ihres unterschätzen Potenzials überarbeitet und auf die Zukunft angepasst werden.

Meistens sind erste klar messbare Erfolge in Social Media erst nach zwei Jahren ersichtlich, da Social Media ständiges Messen und Optimieren bedeutet. In den aller seltensten Fällen gelingt es auf Anhieb. Daher sollte nicht passiv, sondern stets agil gehandelt werden. Social Media und besonders Instagram zeichnen sich durch ihre Dynamik aus und gerade hier besteht die Chance für Unternehmen. Auch wenn Erfolge nicht direkt messbar sind, bestehen dennoch ständige Veränderungen, die die eigene Social Media Präsenz immer weiter voranbringen. Genau hier sind Kreativität, Einfallsreichtum sowie Spontanität gefragt. Sich verändernde Phänomene sollten umgehend innerhalb des Unternehmens thematisiert und hinsichtlich der Strategie aktualisiert werden. Hier lautet der Leitsatz: Kritisch, kreativ und kommunikativ der Zielgruppe gegenüber agieren!

How-to-start-Instagram für Start-Ups

Warum auf Instagram aktiv werden? Was macht Instagram so interessant für Start-Ups? Und wie kann man das soziale Netzwerk am sinnvollsten nutzen? Täglich wird eine endlose Zahl an Bildern oder Videobeiträgen auf Instagram gepostet. Da könnte man meinen, dass diese immer schneller werdende Dynamik von neuem Content für die Instagram User irgendwann zu viel wird. Jedoch ist das Gegenteil der Fall. Die User auf Instagram lieben vor allem neue und spannende Bildbeiträge und für diese bietet Instagram die optimalen Voraussetzungen. In seinen Anfängen wurde Instagram besonders durch die unzähligen Filter beliebt. Diese werden allerdings vor allem für Postings im Feed immer seltener genutzt. Heutzutage ist weniger mehr und daher nutzen die meisten User Helligkeit, Kontraste oder Schatten, um ihre Bilder zu bearbeiten. Meistens wird für dieses Vorhaben auf andere Apps, beispielsweise Lightroom, zurückgegriffen, um seiner Community das perfekte Bild zu präsentieren. Heutzutage machen zudem besonders die Instagram

Stories die App so beliebt. Wer also auf Instagram erfolgreich sein möchte, sollte sich unbedingt in die Funktionen der Instagram Stories einarbeiten und mittels dieser Funktion möglichst viel Content generieren. In den erstellten Stories sollte das Unternehmen dann „möglichst oft Umfragen stellen, andere Accounts verlinken, [den] Standort durch Geotagging markieren und darin Hashtags verwenden."

„Die Funktionen und Gadgets bei Instagram ändern sich stetig, aber das Ziel ist immer das Gleiche: Es geht den Nutzern um die kunstvolle und unterhaltsame Inszenierung ihres Alltags, um ästhetisch ansprechende Bilder und um witzige Stories. Manche Nutzer beherrschen die Inszenierung so gut, dass sie zu Berühmtheiten auf Instagram werden, aka Influencer."

Doch was ist das Geheimnis der Influencer und wie lassen sich ihre Tipps und Tricks auf das Instagram Marketing von Unternehmen überführen? Influencer Marketing spaltet die Meinungen wie kaum ein anderes Thema auf Instagram. Diese Form des Marketings bringt den Unternehmen besonders viel Reichweite und Sales, ist aber auch sehr teuer. Die Agentur Jung von Matt/SPORTS hat in Kooperation mit Brandner IO die Influencer Studie „Behind the Hype" veröffentlicht und stellt darin Insights sowie Geheimnisse der Influencer vor:

- Die Länge des Postingtextes (Copy) ist entscheidend: Erfolgreiche Instagram Postings haben eine durchschnittlich lange Copy und bestehen grundsätzlich aus 35 Wörtern.

- Punktation ist wichtig: Es ist bewiesen, dass Postings mit einem Fragezeichen eine statistisch signifikant höhere Interaktionsrate aufweisen. Es sollten also immer Fragen unter den Bildunterschriften gestellt werden.

- Hashtags: Erfolgreiche Influencer nutzen tendenziell weniger Hashtags und beschränken sich dabei auf eine geringe Auswahl. Daher sollten lieber Fünf aussagekräftiger als 30 sehr willkürliche Hashtags verwendet werden.

- Das Timing ist enorm wichtig: Ganz allgemein entscheiden die ersten 45 Minuten, ob ein Post erfolgreich wird oder nicht. Dabei sind gegen 18:30 veröffentlichte Postings am erfolgreichsten.

- Interaktionsraten sollten beobachtet werden: Es wurde festgestellt, dass je jünger die Follower sind, desto höher die Interaktionsrate ausfällt. Die höchsten Interaktionsraten sind bei den Themenfeldern Fotografie und Musik zu beobachten. Mit Fotos auf Instagram wird öfters (22% mehr) interagiert als mit Fotos auf Facebook (Hubspot, 2020).

- Gesponsorte Postings: Es hat keinerlei Auswirkungen, ob ein Posting gesponsert wurde oder nicht.

Auch Hubspot veröffentlichte erst kürzlich Interaktionstrends auf Instagram und fasste wichtigste Erkenntnisse zusammen (Hubspot, 2020):

- Video-Beiträge sind nicht so beliebt wie Foto Beiträge. Diese sammelten nämlich gegenüber Videos ca. 27% mehr Likes.
- Die durchschnittliche Hashtagzahl beträgt 10.
- 50% aller Instagram Nutzer haben weniger als 1000 Abonnenten. Dies spricht dafür, dass man immer noch sehr viele Privatpersonen über diesen Kanal bewerben kann.

Doch welche Zielgruppe lässt sich bei Befolgung dieser Tipps zum erfolgreichen Instagram Einstieg erreichen? Bei Instagram ist besonders die Zielgruppe der 18- bis 35-Jährigen vertreten. Falls das eigene Unternehmen also auf eine Zielgruppe innerhalb dieses Spektrums abzielt, sollte Instagram in jedem Fall genutzt werden. Dies gilt besonders für B2C-Firmen. Zudem ist es an diesem Punkt spannend zu erwähnen, dass durchschnittlich zwei von drei Besuchern eines Instagram-Unternehmensprofil noch gar keine Follower dieses Accounts sind. Viel mehr werden die Profile aus reinem Interesse angeschaut. Hier wird also deutlich, dass Instagram User sich für sie relevanten Content auf Unternehmens-Profilen besonders gerne anschauen und dies aus reinem Interesse an Produkt oder Marke.

Um aus dem Instagram Kanal des eigenen Unternehmens gleich zu Beginn das bestmögliche rauszuholen, sollten wesentliche Tipps beachtet werden. Für viele Firmen steht in ihren Anfängen ein möglichst schnelles Followerwachstum im Fokus. Dies sollte allerdings besonders zu Beginn keinesfalls oberste Priorität haben. Zwar können ausschließlich Profile mit mehr als 10.000 Follower innerhalb externer Instagram Stories verlinkt werden, dennoch sollte dieser Zahl nicht blind nachgeeifert werden. Es sollten zunächst andere Key Performance Indicators fokussiert werden: Impressionen, Reichweite, Aufrufe und Klicks. Viele Unternehmen stellen sich zudem beim Start eines Instagram Profils die Frage: Sollten Follower gekauft werden, um eine gute Basis für weitere Aktionen zu schaffen? Zudem besteht die Möglichkeit Instagram-Bots einzusetzen. Diese folgen und entfolgen auf automatisierter Art und Weise verschiedenen Profilen. Diese Aktionen werden mittels künstlich generierter Likes und Kommentare ergänzt. Jedoch sollten diese Vorhaben gerade bei einer angestrebten professionellen Social Media Präsenz eines Unternehmens stets vermieden werden! Es entsteht der Anschein eines künstlichen Treibens von Follower-Wachstum sowie eine scheinbare Reichweiten-Explosion in wenigen Tagen. In einer solch kurzen Zeit ist es unmöglich, spannenden Content zu generieren, welcher für diesen Boom gesorgt haben könnte. Es entsteht ein Zustand der Verwirrung bei den realen Followern und Fans des Unternehmens. Zudem kann das Unternehmen schon in den Anfängen seiner Social Media Strategie als unauthentisch wahrgenommen werden. Im schlimmsten Fall sperrt Instagram den Account und alle Mühen und Ideen waren umsonst. Daher ist es besser auf durchdachten sowie spannenden Content, strukturiertes Community Management sowie klug platzierte Instagram-Ads zu setzen. Es ist zudem dennoch empfehlenswert mit der eigenen Community in Kontakt zu treten. Allerdings sollte dies nicht auf Basis künstlicher Web-Aktionen geschehen. Der Content der Followerschaft sollte von realen Personen wie dem Kundenservice oder des Social Media Teams verfolgt werden. Mittels Likes, Kommentaren oder Shares kann mit der Community in Austausch getreten und Interesse geäußert werden. Dies sollte dabei stets auf natürlichem und authentischem Weg geschehen.

Bei den ersten aktiven Schritten des Einpflegens eines Unternehmens Accounts auf Instagram sollte ein Business Profil erstellt werden. Dabei ist es empfehlenswert dieses öffentlich zu gestalten, damit das Profil von allen potenziellen Kunden gefunden und der volle Funktionsumfang der Plattform genutzt werden kann. Hierzu zählen verschiedenste Kontaktmöglichkeiten, der Abruf von Statistiken für das Reporting der Social Media Strategie sowie das Einpflegen von Instagram Anzeigen.

Die Umstellung von einem gängigen Instagram Account zu einem Business Profil ist dabei ganz leicht und es ist lediglich die Befolgung weniger Schritte notwendig. Das Unternehmen sollte zunächst bereits auf Instagram sowie Facebook angemeldet sein, um weitere Schritte zur Business Profil Erstellung vollziehen zu können. Falls dies nicht der Fall ist, muss dies an diesem Punkt nachgeholt werden. Danach loggt sich der zuständige Mitarbeiter bei Instagram ein und geht zunächst auf die Ansicht des eigenen Profils. Anschließend erfolgt ein Klick auf das Zahnradsymbol in der oberen rechten Ecke. Dieses führt zum Menüpunkt EINSTELLUNGEN. Hier wird dann der Button ZUM UNTERNEHMENSPROFIL WECHSELN ausgewählt.

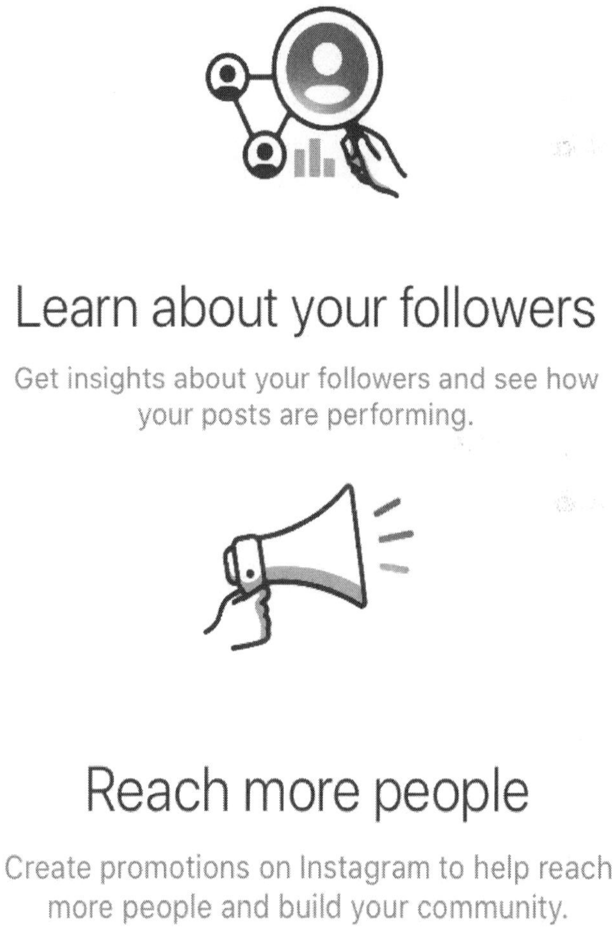

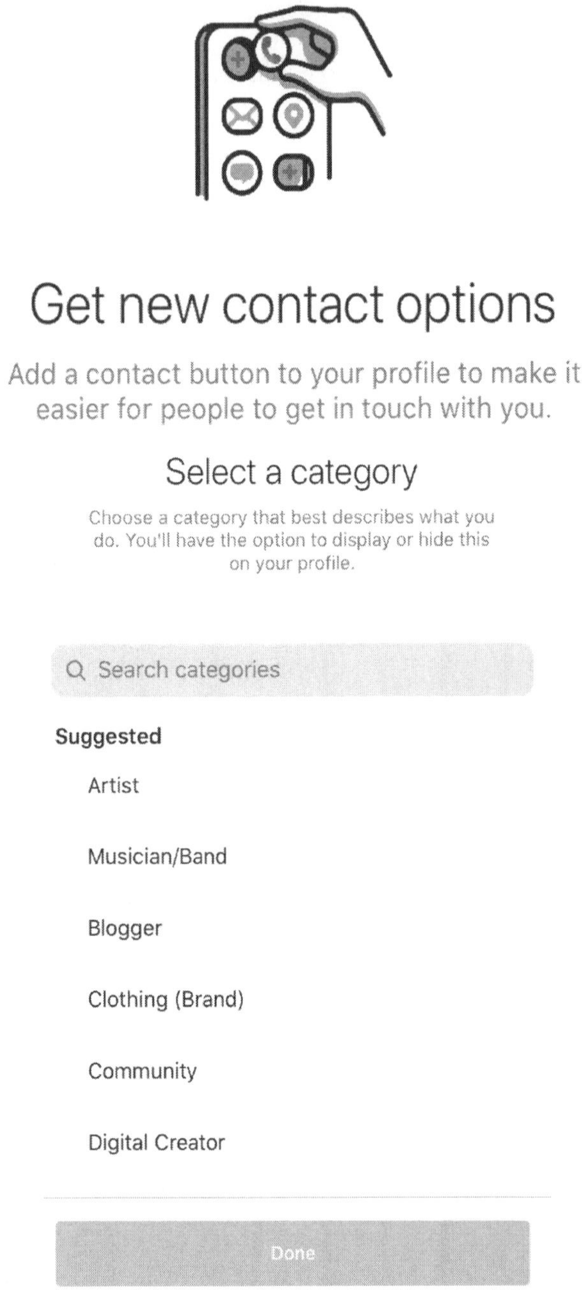

Abbildung 16: Business Account erstellen

Danach kann der Instagram Business Account mit der Unternehmensseite bei Facebook verknüpft und nach erfolgreicher Verbindung alle Daten automatisch von Facebook auf Instagram übertragen werden. An diesem Punkt sollte unbedingt beachtet werden, dass eine Adresse, eine Telefonnummer sowie eine Geschäftsadresse des Unternehmens hinterlegt werden, damit eine Kontaktmöglichkeit für potenzielle Kunden bei Fragen oder Anregungen besteht. Ebenfalls ist hier zu erwähnen, dass es sich bei dem Unternehmensprofil um ein Business Profil handeln muss, um Instagram Ads zu platzieren oder die Shop-Funktion von Instagram nutzen zu können. Letztlich sollte dann die Instagram Biografie für die Instagramseite des Unternehmens gestaltet werden. Diese gibt Überblick über den Account und verschafft allen Profilbesuchern einen groben Überblick darüber, was sie auf diesem Profil erwartet. Wer oder was ist das Unternehmen? Was möchte das Unternehmen erreichen? Welchen Mehrwert bietet das Unternehmen seinen Follower auf diesem Account? Es sollte ein kurzer Überblick über diese Fragen gegeben werden. Dabei sollte die Instagram Biografie kurz und knapp formuliert sein, um vom Profilbesucher schnell und ohne große Anstrengung erfasst zu werden. An dieser Stelle kann auch der Slogan des Unternehmens oder ein aussagekräftiger Leitsatz formuliert werden. Hier sollten aber nicht zu allgemeine Äußerungen stehen, sondern vielmehr klar werden, was die Vision des Unternehmens von den Konkurrenten unterscheidet. Letztlich ist es wichtig, das dazugehörige Impressum zu verlinken.

Im Bezug auf die geteilten Inhalte auf einem Instagram Business Profil sind hochwertige und relevante Contentkreationen grundlegend für den Erfolg eines Postings. Dabei sind Ein bis Zwei Postings am Tag optimal. Zudem sollte, wenn möglich, mindestens eine Story am Tag veröffentlicht werden. Hier ist die Anlegung eines Content Plans für alle Social Media Aktivitäten auf dem Profil des Unternehmens hilfreich. Dieser sollte Datum sowie Uhrzeit des Posts vorgeben und ermöglicht zudem einen genauen Überblick über Misserfolg oder Erfolg bestimmter Postingzeiten. Zudem können Inhalte besser strukturiert und aufeinander abgestimmt werden. Es gibt viele Studien, die versuchen die beste Zeit für ein Posting herauszufinden. Man sollte vor allem darauf achten, in welcher (Zeit)Region die Zielgruppe lebt und zu welcher Tageszeit die Zielgruppe am aktivsten ist. In den Insights kann man auf die Statistiken zur Aktivität der Zielgruppe zugreifen. Zum einen kann man den aktivsten Tag und zum anderen den aktivsten Zeitpunkt nachschauen.

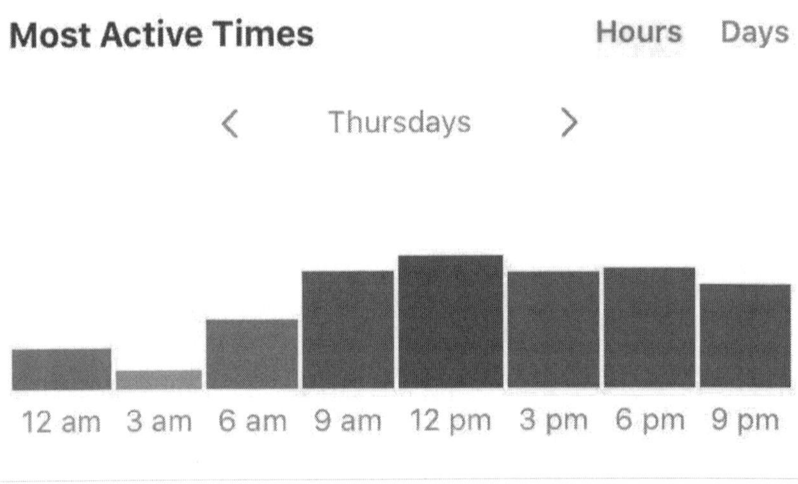

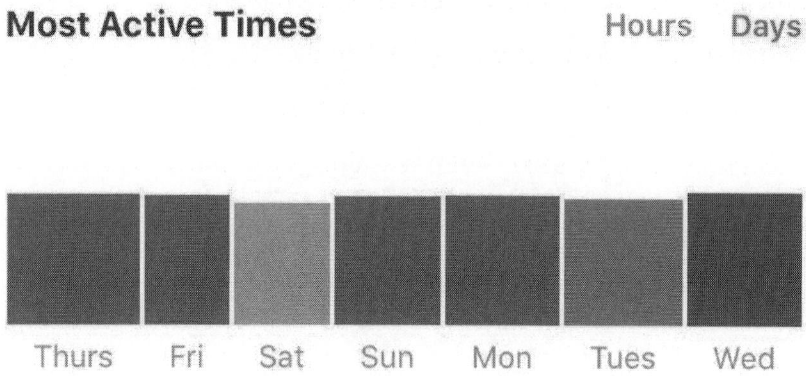

Abbildung 17: Instagram Insights

Allgemein macht der Blick in Instagram Insights Sinn. So kann man viele Statistiken einsehen, die einem helfen mehr über die Zielgruppe zu erfahren. Impressionen, Profilbesuche, Interaktionen, Followerwachstum, Herkunft, Alter sowie Geschlecht der Follower sind alles wichtige Kennzahlen und Daten, die einem helfen, die Zielgruppe besser zu verstehen und dann auch schlussendlich anzusprechen.

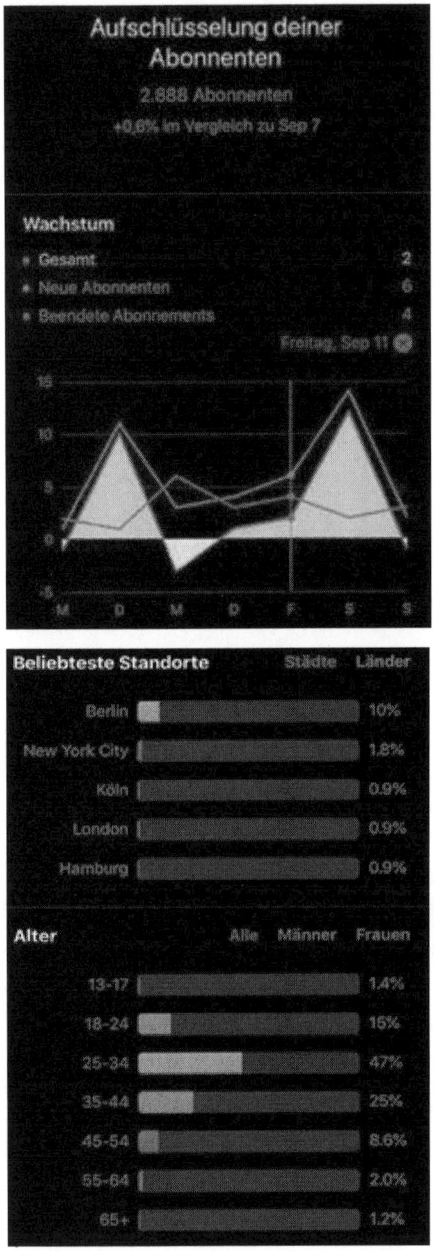

Abbildung 18: weitere Nutzerdaten

Hinsichtlich der Erstellung einer Story auf dem Instagram Profil, auch Storytelling genannt, sind einige Tipps und Tricks für das Gelingen zu beachten. Allgemein wird in Instagram Stories innerhalb mehrer kurzer Sequenzen eine Geschichte über das Unternehmen oder den Profilinhaber erzählt. Dabei sollten auf Instagram geläufige Features wie beispielsweise Sticker genutzt werden. Diese gestalten das Storytelling spannender und interaktiver für die Zuschauer. Durch die Nutzung von Hashtags, Geotagging, GIFs oder Umfragen können Zuschauer sich an Stories beteiligen und mit dem Unternehmen in Kontakt treten. Generell ist die Tendenz zu beobachten, dass Instagram Stories zunehmend den klassischen Feed und die sich darin befindenden Postings ersetzen. Dies ist mit der extremen Beliebtheit der Story-Funktion begründen, was nicht zuletzt an den interaktiven Features und dem Einblick in private Kontexte liegt. Unternehmen sollten ihren Followern daher mittels der Story-Funktion Einblicke hinter die Kulissen gewähren und so einen persönlichen Zugang zum Unternehmen präsentieren. Es empfiehlt sich Videos in Form von Ausschnitten aus dem Arbeitsalltag zu zeigen. So kann beispielsweise eine neue Lieferung gezeigt, Interviews mit verschiedenen Mitarbeitern veröffentlicht, Backstage Einblicke eines Shootings gepostet oder von Events berichtet werden. Diese Möglichkeit des Storytellings sollte gerade von Unternehmen genutzt werden, um die Aufmerksamkeit der Followerschaft zu erhalten und Interesse am Unternehmen herzustellen. Ein weiterer Hinweis zur optimalen Nutzung der Story-Funktion ist die Verwendung der App Story Splitter. Da Instagram

Stories auf eine Länge von 15 Sekunden beschränkt sind, ermöglicht die App die Aufbereitung eines längeren Videos. Dabei wird das Video in mehrere 15-sekündige Videos unterteilt.

Auch bei Erstellung der Bilder, welche in Story und Feed gepostet werden, gilt es als Unternehmen einige Punkte zu beachten. Diese sollten bei gutem Tageslicht erstellt werden und ein klar ersichtliches Motiv abbilden. Mithilfe der Rasterfunktion können Bilder nachträglich begradigt und somit professionell aufbereitet werden. Zudem können Texte und Zitate in Bilder eingesetzt werden und somit für individuell gestaltete Postings sorgen. Allerdings sollten schriftliche Inhalte stets auf einem klaren Kontrast stehen, da diese sonst unleserlich und folglich unprofessionell wirken können. Auch sollten dem Posting Hashtags beigefügt werden, allerdings ist es hierbei empfehlenswert die Hashtags von der Bildunterschrift zu trennen und diese in einem separaten Kommentar zu veröffentlichen. Dies wirkt für den Leser aufgeräumter und erleichtert den allgemeinen Lesefluss. Zudem gibt es die Möglichkeit Bilder der Kundschaft im eigenen Feed zu veröffentlichen, um die Bindung zum Kunden zu intensivieren und das Posting als positive Rezension zu nutzen. Jedoch sollte der Urheber unbedingt in der Bildunterschrift und auf dem Bild selbst markiert werden. Andernfalls wird eine rechtliche Grauzone beim Veröffentlichen des Contents anderer User betreten. Dies kann zu einem unprofessionellen Ruf des Unternehmens führen.

Ergänzend zum bereits vorgestellten Influencer Marketing sollen nun einige wichtige Tipps für das Unternehmen bei der Planung von Kooperationen mit Influencern kommuniziert werden. Um diese Form des Marketings bestmöglich für eine erfolgreiche Social Media Präsenz nutzen zu können, werden nun im folgenden verschiedene Varianten, wie mit Influencern zusammengearbeitet werden kann, vorgestellt:

- Produkte des Unternehmens werden Influencern zur Verfügung gestellt.

- Es werden Kooperationen mit Influencern eingegangen. Der Influencer wird dabei gebeten über das Produkt des Unternehmens zu berichten. Die Gegenleistung kann dabei ein monetärer Wert (Advertorial) sein.

- Influencer werden als Testimonials, beispielsweise für Fotos oder Texte, angeworben.

- Es können Instagram-Takeovers durchgeführt werden. Hier übernimmt der Influencer den Account des Unternehmens für einen gewissen Zeitraum und bespielt währenddessen den Account mit eigens kreierten Bilder, Videos oder Stories. Take Overs sind dabei sowohl für Influencer als auch für Unternehmen von großem Vorteil. Hier werden einflussreiche Influencer auf das Profil des Unternehmens geholt und somit ein abwechslungsreicher und spannender Content für die Community erstellt. Wichtig bei der Auswahl des jeweiligen Influencers ist allerdings die Beachtung einer großen Schnittmenge zwischen Markenwerten und Themen auf dem Kanal des Influencers.

Um Influencer als Markenbotschafter für das Unternehmen zu gewinnen, sollten auch bei der Ansprache einige Tipps berücksichtigt werden. Vor allem sehr bekannte Influencer erhalten hunderte von Kooperationsanfragen an einem Tag, weshalb viele abgelehnt werden. Um als Unternehmen hier dennoch eine Chance zu haben, sollten Influencer kontaktiert werden, die auch ohne Honorar über das Produkt berichten würden, da es so genau in das Interessengebiet der Community sowie des Influencers passt.

- Es sollten klare Rahmenbedingungen für die Zusammenarbeit mit dem Influencer festgelegt werden. Wie viele Postings werden veröffentlicht? Wann und auf welchem Kanal wird zu welchen Bedingungen gepostet?

- Inhaltliche Vorgaben sollten so gering wie möglich gehalten werden, um dem Influencer seinen kreativen Freiraum zu geben. Zudem kennt der Influencer selbst seine Community und somit die anzusprechende Zielgruppe am besten.

- Dem Influencer sollte viel Vertrauen entgegengebracht werden, da seine Glaubwürdigkeit und Authentizität das Geheimnis dieser Marketingstrategie ist. Zudem sind sie Multitasker und besitzen auf vielen Social-Media-Kanälen eine hohe Reichweite. Diese Voraussetzungen sollten genutzt werden.

- Es sollte nur mit Influencern zusammengearbeitet werden, die auch langfristig zur Marke passen und die damit verbundenen Werte zu jeder Zeit verkörpern. Marken und Influencer sollten dabei unter jeglichen Bedingungen und Veränderungen bestmöglich zusammen passen.

- Influencer sollten exklusiv behandelt werden. Durch deren Integration in besondere Aktionen der Firma wird die Berichterstattung der Influencer automatisch erhöht, da der Community stets von besonderen Ereignissen berichtet wird.

- Außerdem sollte die Reichweite eines Influencers nicht das einzige Kriterium zu dessen Auswahl sein. Auch die Zielgruppe ist hier relevant. Faktoren wie Brand Fit, die vom Influencer geposteten Inhalte, seine Tonalität sowie andere zuerst nebensächlich erscheinenden Punkte sind für ein Unternehmen wichtig zu beobachten.

Letztlich soll in diesem Kapitel auf die Funktion von Instagram Story Ads eingegangen werden und wie Unternehmen diese klug für ihr Marketing nutzen können. Hierbei handelt es sich um 15 Sekunden lange Videos, welche zwischen zwei Instagram Stories, die sich ein Instagram User gerade anschaut, platziert werden. Diese Art der Stories erscheint nur dann, wenn sich ein User mehrere Stories ansieht. Dabei stehen dieselben Targeting-Möglichkeiten wie bei Werbeanzeigen auf Facebook zur Verfügung. Wenn die Anzeige also auf User getargetet wird, die oft Online-Shops für Kosmetik besuchen und diese auch oft kaufen, wird die Anzeige auch nur dieser Gruppe von Instagram Usern angezeigt. Für Unternehmen ist hier zu beachten, dass die Story Ads sich in ihrer Gestaltung kaum von herkömmlichen Stories unterscheiden. Daher sollten sich spezifische Storytelling Ansätze überlegt werden. Am besten eigenen sich für diese Werbeform der Rückgriff auf Stories mit tatsächlichen Personen. Dabei sollte die Message innerhalb von 15 Sekunden präzise auf den Punkt gebracht werden und den Zuschauer in dieser kurzen Zeit erreichen.

Auch hier gibt es einige nützliche Tipps, die bei der Erstellung von Instagram Story Ads helfen können:

- Es sollte relevanter Content gezeigt werden! Der User sollte nicht in seinem Flow durch eine als Unterbrechung erscheinende Werbeanzeige gestört werden.

- Storytelling nutzen! Mit einer kurzen aber spannenden Geschichte kann Spannung und Interesse beim Zuschauer aufgebaut werden. Am besten ist dabei die Inszenierung eines möglichst vertrauten Gesprächs zwischen zwei Personen.

- Transparenz! Das Unternehmen sollte offen gegenüber dem Kunden agieren, da nur so das Vertrauen des Users gewonnen werden kann.

- Werbemittel sollten an die Zielgruppe angepasst werden! Die Werbung sollte zum Kunden passen und zudem zum Kontext passen in dem sich der Zuschauer gerade bewegt. Auch sollten auf die Interessen des Users eingegangen werden.

- Eine mobile Website generieren! Da Instagram User meistens mobil surfen, ist es wichtig für diese Kunden eine Website zu generieren, die möglichst bequem im mobilen Modus genutzt werden kann. Es sollte daher auf ein flexibles Layout, welches auf diversen Geräten funktioniert, geachtet werden.

An dieser Stelle wollen wir Perspective Funnel präsentieren. Perspective bietet dir einen Baukasten für eine solche Website beziehungsweise einen Verkaufstrichter. Dieser kann von je nach Belieben angepasst und eingestellt werden. Es gibt zudem schon eine Menge an Vorlagen für die Ziele, die man mit dem Funnel erreichen will. In Kombination mit Facebook Werbeanzeigen, stellt Perspective Funnel die beste Lösung dar, deine Kunden zum Kauf zu leiten. Um die Perspective Funnels 14 Tage lang kostenlos auszuprobieren, gehe auf folgenden Link: https://perspective.grsm.io/instagram

Die Möglichkeiten von Instagram sind endlos und werden immer wieder mittels neuer Features und Neuerungen ergänzt. Genau deswegen lohnt sich eine Präsenz auf Instagram für die meisten Unternehmen. Mit der Berücksichtigung einiger Tipps und Tricks kann das Unternehmen somit in vielen Bereichen gestärkt und die Beziehung zur Kundschaft intensiviert werden.

Instagram Werbung

Abbildung 19: Beispiel gesponserte Werbeanzeige

Zuletzt können mit einem Business-Account auch Beiträge beworben werden. Ähnlich wie das auf Facebook möglich ist. Dazu gibt es den „Hervorheben"-Button. Man sollte es sich aber langfristig wohl überlegen, die Beiträge über den "Hervorheben"-Button zu bewerben. Generell sollte man vorsichtig mit Facebook Werbeanzeigen sein, wenn man sein Geld nicht verbrennen will. Um langfristig hervorragende Ergebnisse mit Instagram Werbeanzeigen zu erzielen, sollte ein Experte auf dem Gebiet Performance Marketing für das Unternehmen die Kampagnen schalten. Wenn du eine professionelle Betreuung in diesem Bereich brauchst, die deinem Unternehmen mehr Fans, Follower und hochwertige Kundenanfragen bringen, dann schreibe eine E-Mail Anfrage an team@paul-haensel.de. Wir raten davon ab, Werbeanzeigen und Kampagnen selbst über den "Hervorheben"-Button ohne Erfahrung zu schalten.

Falls man trotzdem die Beiträge selbst über den "Hervorheben"-Button bewerben möchte, sieht man in den folgenden Bildern, welche Einstellungen man treffen kann.

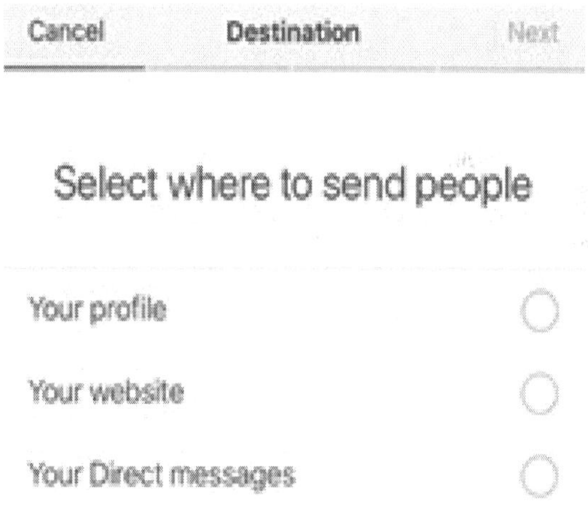

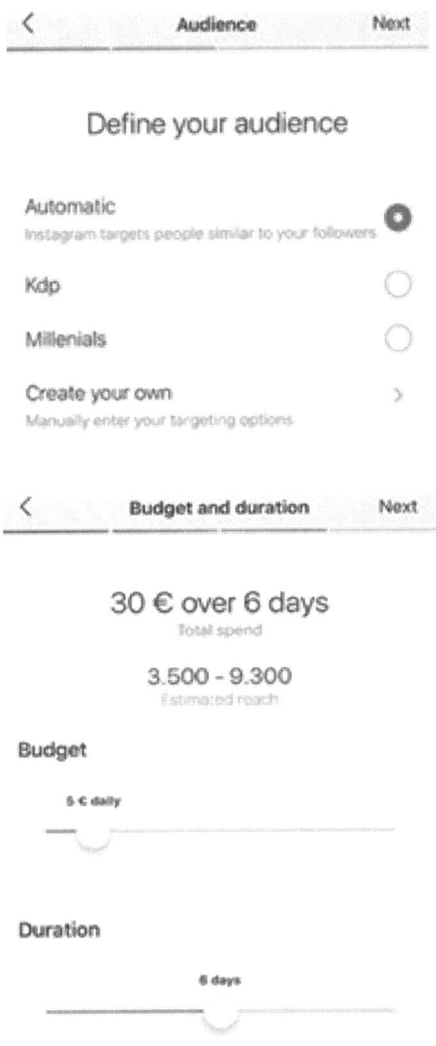

Abbildung 20: automatische Werbeanzeige

Instagram rankt für den einzelnen Nutzer die Beiträge nach Interesse und Aktualität. Diese Aufgabe wird vom Instagram Algorithmus übernommen, welcher nach sechs Faktoren sortiert:

1. Interesse
2. Aktualität

3. Interaktion
4. Häufigkeit (wie oft ist der Nutzer online?)
5. Follower (wie vielen Accounts wird gefolgt?)
6. Nutzung der App (Was wird häufiger genutzt: Fotos, Storys, Videos?)

Natürlich wird der Algorithmus ständig erweitert und aktualisiert, weshalb diese Faktoren und ihre Reihenfolge sich durchaus mit der Zeit ändern können.

Dank des Algorithmus lernt Instagram nun, welche Beiträge für den einzelnen Nutzer interessant sein könnten und priorisiert einzelne Postings vor anderen. Wenn man seine Werbeanzeigen professionell schalten möchte, sollte man dies über den "Werbeanzeigenmanager" tun. Hier kann man die Zielgruppe spezifischer auswählen und targetieren.

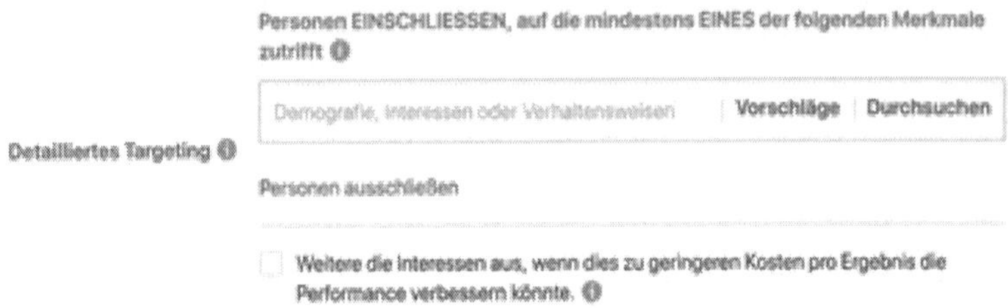

Abbildung 21: Targeting auf Facebook

Je besser man seine Zielgruppe kennt und weiß, was deren Interessen sind, umso besser wird man diese mit Gesponserten Beiträgen erreichen. Beim Aufsetzen einer Werbeanzeige unterscheidet man allgemein zwischen zwei Zielen:

1. Markenbekanntheit steigern

Für mehr Fans auf Instagram oder Likes auf Beiträge. Um die Markenbekanntheit zu steigern, sind diese Ziele dienlich: „Interaktionen", „Markenbekanntheit" und „Videoaufrufe". Durch „Traffic" leitet man Leute einfach nur zum Beispiel auf einen Blog oder eine Website.

2. Verkäufe erzielen / Leads generieren

Wenn man durch Werbeanzeigen Verkäufe erzielen möchte, dann sollte man die Ziele: „Conversions" oder „Leadgenerierung" verwenden. Falls du jedoch eine App bewerben willst, nutze „App-Installationen".

Durch das Werbeanzeigenziel „Nachrichten" kann man ein starkes Vertrauen zum Kunden aufbauen. Die meisten der Ziele sind selbsterklärend.

Für Unternehmen kommen allerdings in den meisten Fällen nur die Ziele "Interaktion", "Conversion", "Videoaufrufe" und "Markenbekanntheit" in Betrachtung.

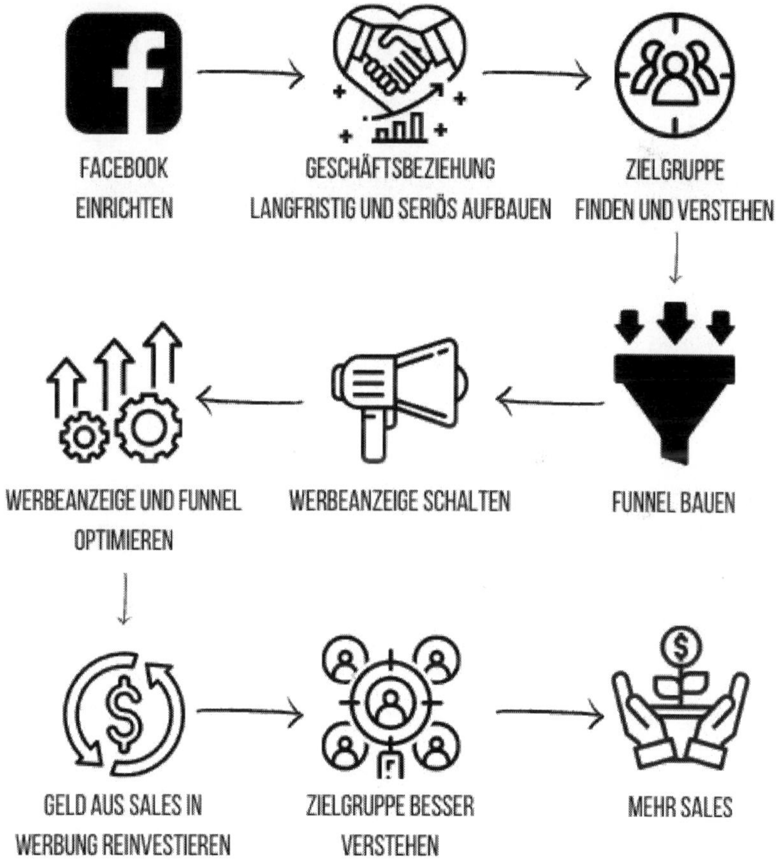

Abbildung 22: Übersicht Werbeanzeigen

Da das Thema Facebook- und Instagram Werbeanzeigen sehr komplex ist, will ich dir eine kurze Übersicht geben, die dir einen Einblick über den ganzen Prozess verschafft. Diese Übersicht findest du auch in meinem Buch "Facebook Marketing - Facebook Ads für Anfänger - Alles, was du über Facebook Werbung wissen musst". Falls du dich also selbst intensiv mit Performance Marketing auseinandersetzen möchtest, dann kann ich dir dieses Buch wärmstens empfehlen. Hier der Link zum Buch: https://amzn.to/2IoVQBM

Instagram Shopping

Instagram Shopping ist vor allem für Unternehmen interessant aber auch für Influencer oder Blogger, die ihre eigenen Produkte direkt über Instagram vermarkten wollen. Dies macht es den Followern sehr leicht, dort, wo sie die Produkte sehen, auch direkt kaufen zu können.

Durch die Verknüpfung des Contents mit der Kaufoption, können Follower, durch einen gepflegten Feed und regelmäßigen, interessanten und informativen Content, sich mehr und mehr mit der Marke identifizieren und schließlich den Kauf abschließen. Das sogar ohne Instagram verlassen zu müssen.

Um die Funktion Instagram Shopping nutzen zu können, wird ein Produktkatalog hinterlegt. Dies ist nur in Verbindung mit Facebook möglich. Die Verknüpfung von Instagram-Konto und Facebook-Konto ist allerdings sehr einfach und schnell durchgeführt.

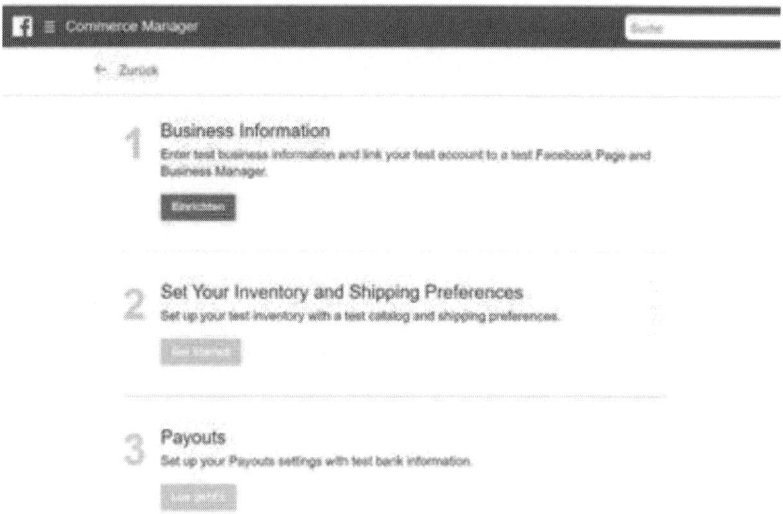

Abbildung 23: Commerce Manager

Facebook wird nun durch eine Reihe von Schritten führen, bei dem ein Produktkatalog angelegt, oder ein bereits auf Facebook hinterlegter Produktkatalog mit dem Instagram-Konto verknüpft werden kann. Wichtig ist es, die Funktion „E-Commerce" auszuwählen. So erscheinen Shopping-Tags auf den Bildern in Story und Feed, sodass die Follower direkt sehen, welche Produkte auf dem Bild zu sehen sind und welche man davon kaufen kann.

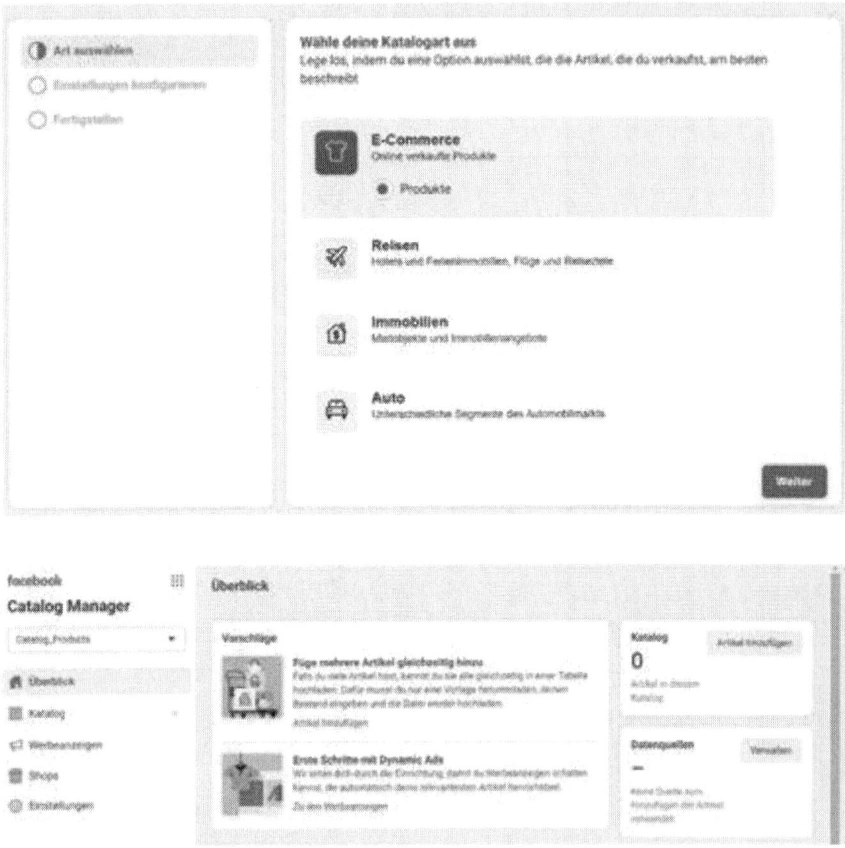

Abbildung 24: Catalog Manager

Sind alle Schritte abgeschlossen, wird der Account zur Überprüfung eingereicht. Dies kann wenige Tage bis hin zu zwei Wochen dauern. Ist der Account dann freigegeben, kann die Einrichtung abgeschlossen werden und der Shop ist fertig.

In von nun an hochgeladenen Bildern in der Story oder im Feed können nun Produkte markiert werden, die im Produktkatalog eingepflegt sind. Auch ältere Bilder aus dem Feed können übrigens im Nachhinein noch mit Shopping-Stickern belegt werden.

In Postings können normalerweise bis zu fünf Artikel mit einem Shopping-Sticker gekennzeichnet werden. Bei Karussell-Posts steigt dieses Limit auf zwanzig (mehr zu Instagram Carousels im nächsten Unterkapitel), sodass hier auch ganze Kollektionen oder zugehörige Produkte gemeinsam vermarktet werden können.

Shopping-Storys haben ein Limit von einer Markierung eines Produktes. Hier muss, wenn mehrere Produkte erwähnt werden sollen, eine Reihe von Storys geschaltet werden oder in der Story auf einen Post verwiesen werden, wo der Follower weitere Informationen abrufen kann.

Dem User wird in einer Story ein kleines Einkaufstaschen-Icon angezeigt, wenn die Story ein zu kaufendes Produkt beinhaltet. Hier kann bei weiterem Interesse dann das Symbol angetippt werden.

Abbildung 25: Beispiel Instagram Shopping

Werbeanzeigen mit Instagram Shopping sind nicht möglich. In geschalteten Ads ist das Markieren von Produkten bisher von Instagram nicht zugelassen.

Um mit den Instagram Shopping Funktionen bei den Followern zu landen, sollten drei wesentliche Punkte beachtet werden:

- Konsistenz: Wie immer im Marketing sollte nur mit dem geworben werden, was das Produkt auch hergibt, um Unzufriedenheit der Kunden zu vermeiden.
- Bildunterschriften: Ein Bild sagt mehr als tausend Worte, doch oftmals wird es nicht von allen gleich verstanden. Wie wir Bilder interpretieren, hat auch viel mit unserer eigenen bisherigen Erfahrung zu tun. Deshalb ist eine Bildunterschrift sehr wichtig. Bei Instagram werden nur etwa die ersten 2-3 Zeilen direkt unter dem Bild angezeigt. Um alles andere zu sehen, muss der Nutzer den weiteren Text aufklappen. Deshalb sollten gerade in diesen ersten Zeilen der Anfang Interesse weckend verfasst werden. In der weiteren Bildunterschrift kann ein Call-to-Action eingebaut werden, also eine Aufforderung an die Follower, aktiv zu werden. Beispielsweise können sie aufgefordert werden, dem Link in der Biografie zu folgen, einen Kommentar zu hinterlassen, einen Freund zu taggen oder eine andere Interaktion auszuführen.
- Content: Wieder einmal dreht sich alles um den erstklassigen Content, der die Follower bewegt, ihnen gefällt und dem Influencer bzw. dem Unternehmen die Followerzahl sichert.

Zusätzliche Apps für Instagram

Im App-Dschungel von Android und iOS tummeln sich Dutzende Apps, mit denen man seinen Content für Instagram aufhübschen kann. Von StoryMaker-Apps, die einem Vorlagen für eine schön gestaltete Insta-Story liefern, über Bildbearbeitungsprogramme bis hin zu Videoschnittprogramme gibt es einiges, was dem passionierten Content Creator dabei helfen kann, seinen Feed und seine Story bemerkenswert zu gestalten. Einige dieser Apps sind nun beispielhaft aufgelistet:

1. StoryStar
2. Highlight CoverMaker
3. InStory
4. StoryPic - Story Maker
5. GridStar
6. GITTER für Instagram
7. IGFonts
8. Canva
9. Photo Collage
10. Phinsh
11. YouCollage
12. YouCut
13. Boosted
14. InShot
15. Timbre
16. Mojo
17. Unfold

18. Text on Photo
19. Photoshop Lightroom

Diese Liste ist natürlich längst nicht vollständig und die verwendeten Apps sind immer vom Benutzer abhängig und auch von den Zielen, die verfolgt werden. Gerade die Apps, die es ermöglichen, ein Bild so aufzusplitten, dass es in mehreren Postings eingesetzt wird und dann im Feed ein fertiges Gesamtbild ergibt, sind auf jeden Fall einen Blick wert. Dies wertet den Feed extrem auf und ist ein wahrer Hingucker. Apps, die dies können, sind beispielsweise GridStar und GITTER für Instagram.

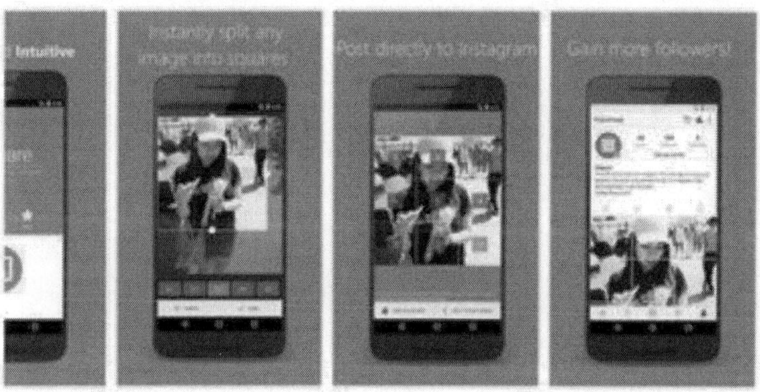

Quellen:

- Deges, Frank: Quick Guide Influencer Marketing: Wie Sie durch Multiplikatoren mehr Umsatz und Reichweite erzielen, Imprint: Springer Gabler Verlag, 2018.

- Faßmann, Manuel; Moss, Christoph: Instagram als Marketing-Kanal: Die Positionierung ausgewählter Social-Media-Plattformen, Imprint: Springer VS, 2016.

- Grabs, Anne; Bannour, Karim-Patrick; Vogl, Elisabeth: Follow me! : erfolgreiches Social Media Marketing mit Facebook, Instagram, Pinterest und Co., Bonn Rheinwerk Verlag, 2020.

- Hettler, Uwe: Social-Media-Marketing: Marketing mit Blogs, sozialen Netzwerken und weiteren Anwendungen des Web 2.0, München Oldenburg, 2010.

- Walsh, Gianfranco; Deseniss, Alexander; Kilian, Thomas: Marketing Eine Einführung auf der Grundlage von Case Studies 3. Ausg., Springer Gabler Verlag, 2020.

- Weinberg, Tamar: Social-Media-Marketing: Strategien für Twitter, Facebook & Co, O'Reilly Verlag Beijing [u.a.], 2012.

MP CONSULTING
ONLINE MARKETING
DU BRAUCHST HILFE BEI DER UMSETZUNG?
... DANN BESUCHE JETZT UNSERE WEBSITE
MP-ONLINECONSULTING.DE
WIR BRINGEN DEIN ONLINE MARKETING AUF DAS NÄCHSTE LEVEL!

Jetzt auch auf Amazon erhältlich

Impressum

ISBN: 9798697348697

Max Mittelstaedt

Curt-Goetz-Str. 23

06132 Halle

Paul Hänsel

Friedrichstraße 117

38855 Wernigerode

Printed in Poland
by Amazon Fulfillment
Poland Sp. z o.o., Wrocław

67705962R00081